인생을 이끌어 줄

일곱단어

Seven words to live by

닥치는 대로 글 쓸 때 좋은 명언

키워드 헤드라인

인생을 이끌어 줄 일곱단어

기획서·보고서·자소서·SNS·이메일·블로그

닥치는 대로 글 쓸 때 좋은 명언 키워드 헤드라인

2015년 10월 01일 초판 1쇄 발행
2015년 10월 15일 초판 2쇄 발행

기획·글	흔들의자
디자인	박신규
발행인	안호헌
아트디렉터	박신규
교정·교열	김수현
제작총괄	김병수
펴낸곳	도서출판 흔들의자
	출판등록 2011. 10. 14(제311-2011-52호)
	주소 서울 은평구 불광로 50-12
	전화 (02)387-2175
	팩스 (02)387-2176
	홈페이지 www.rcpkorea.com
	이메일 rcpbooks@daum.net
	블로그 http://blog.naver.com/rcpbooks
	페이스북 www.facebook.com/rcpbooks

ISBN 978-89-968221-9-6 (12190)
ⓒ흔들의자, 2015, Printed in Korea

이 도서의 국립중앙도서관 출판예정도서목록(CIP)은 서지정보유통지원시스템 홈페이지(http://seoji.nl.go.kr)와
국가자료공동목록시스템(http://www.nl.go.kr/kolisnet)에서 이용하실 수 있습니다.(CIP제어번호: CIP2015012711)

인생을 이끌어 줄
일곱단어
Seven words to live by

닥치는 대로 글 쓸 때 좋은 명언

키워드 헤드라인

글 ㅣ 흔들의자

디자인 ㅣ 박신규

하나의 책, 두 개의 컨셉

좋은 격언은 한 권의 좋은 소설이 담고 있는 지혜를
하나의 문장으로 요약한 것이다.

− 테오도르 폰타나 −

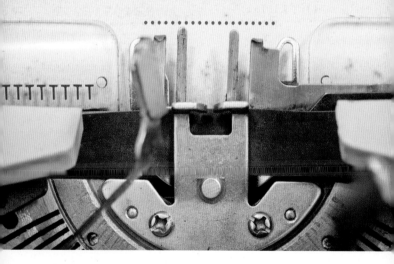

I 당신이 2000년을 살고 있는 젊은이들에게 '단 한 마디의 충고를 해 준다면 그 한 단어는 무엇일까? 1960년대 미국의 교육자, 사회운동가, 장관을 지낸 존 W. 가드너는 오랜 기간 동안 모임이나 강연회에서 같은 질문을 했었는데 대답은 놀랍게도 거의 일치 되었다 한다. 그것이 〈인생을 이끌어 줄 일곱 단어〉며 시간이 흐른 지금도 주목을 받고 있다. 그가 취합한 '일곱 단어' 첫째가 살아라(Live)이며, 다음이 사랑하라(Love), 배워라(Learn), 생각하라(Think), 주어라(Give), 웃어라(Laugh), 시도하라(Try)다. 이 책은 그가 선정한 일곱 단어를 키워드로 2000년대를 살고 있는 우리들 자신에게 살아가고, 사랑하고, 배우고, 생각하고, 베풀고, 웃고, 시도하는 방법이나 마음가짐. 삶의 태도 등을 자기 분야에서 괄목할만한 성과를 이뤄낸 철학자, 예술가, 과학자, 소설가, 경영자 등이 남긴 글이나 속담·격언을 한 테마의 컨셉 하에 옴니버스 형식으로 구성되었다. 그들이 살았던 시대와 환경, 하는 일도 모두 다르지만 선지자들이 주는 메시지는 일맥상통한 점이 많다. 삶의 경험, 지혜에서 나온 꿀팁이다.

당신이 꼭 써야 할 글이 있는데 '도대체 어디서부터 어떻게 시작해야 할지 모를' 막막한 순간을 가져보지 않았는가? 글을 잘 쓰는 사람도 간혹 첫 문장부터 막힐 때가 있지만 반대의 경우 사람들은 적잖은 고민부터 하기 마련이다. 글의 용도는 많다. 회사에서 쓰는 기획서, 보고서, PPT 제안서, 자기소개서와 같이 공적인 목적을 가진 글과 이메일, 블로그, 트위터 같은 사적인 글까지 종류도 목적도 다양하다. 글이란 생각을 전달하는 수단이며, 자신의 지식과 능력을 평가받는 수단이기도 하다. 요즘은 글쓰기에 관한 책도 많아 그런류의 책 속에서 글 쓰는 기술을 익히는 것도 좋다. 학교 때 배운 글 쓰는 법의 이해나 어휘력은 이미 충분히 갖추고 있고 그것만으로도 충분하지만 막상 글 쓸 때, 첫머리나 끝 문장에 이 책에 있는 글을 인용해 쓰라. 글 내용이야 주제에 맞추어 가면 되는 것. 상황에 맞는 명언이나 명구절로 적절하게 인용된 문장은 글을 이해시키는데 큰 성과를 주고 글의 흐름도 좋다. 글이 쓰이는 용도나 주제는 모두 다르지만 일기를 뺀 모든 글의 목적은 하나다. 바로 설득이다.

2

하나의 책, 두 개의 컨셉 04

살아라 Live | 어떻게 살 것인가

사랑하라 Love | 사랑이란 무엇인가

LIVE 살아라
사랑하라
배워라 LOVE
LEARN
시도하라
TRY
주
어
라
GIVE
LAUGH
THINK

생각하라
웃어라

배워라 Learn | 왜 배워야 하는가

조금 배운 것은 위험한 것이다 72 무식은 불행의 근원이다 74 슬픔의 가장
좋은 처방은 무언가를 배우는 것이다 76 대학 졸업장은 한 인간이 완성품이
라는 증명이 아니다 78 목적 없는 공부는 기억에 해가 될 뿐이다 80 지식과
지혜의 차이 82 경험은 배울 줄 아는 사람만 가르친다 84 살아있는 동안 배
우라 86 교육은 행하게 하는 것이다 88 배움은 우연히 얻어지는 것이 아니다
90 호기심 많은 사람이 배운다 92 생각하는 것을 배워라 94 침묵하는 법을
배워라 96 때맞춰 면학에 힘써라 98

생각하라 Think | 생각은 변화의 시작

위대한 생각을 길러라 102 초고는 가슴으로 써라 104 변화는 삶의 법칙이다
106 새로운 발상에 놀라지 마라 108 생각에 있어서 그러했듯 행동에서 위대
하라 110 말도 안 되는 생각이란 없다 112 행동은 즉시 취해져야 한다 114 위
대한 생각은 걷기로부터 나온다 116 30초만 더 생각하라 118 지도자는 양치
기와 같다 120 내일을 향해 사는 거야 122 물이 지나치게 맑으면 사는 고기
가 없다 124 운명에 도전하는 사람은 운명이 길을 비킨다 126 노여움이 일면
그 결과를 생각하라 128

주어라 Give │ 무엇을 줄 것인가

웃어라 Laugh │ 당신이 현명하다면 웃어라

시도하라 Try | 할 수 없을 것 같은 일을 하라

키워드 헤드라인 플러스 220

살
아

LIVE **어떻게 살 것인가**

라

늦게 일어나서
아침을 짧게 하지마라.
Do not shorten the morning by getting up late.

늦게 일어난 사람은
종일 총총걸음을 걸어야 한다.

매일 아침 하루일과를 계획하고
그 계획을 실행하는 사람은
바쁜 미로 같은 삶속에서
그를 안내할 한 올의 실을 지니고 있는 것이다.
그러나 계획이 서 있지 않고
단순히 우발적으로 시간을 사용하게 된다면
곧 무질서가 삶을 지배할 것이다.

■ 쇼펜하우어 / 벤자민 프랭클린 / 빅토르 위고

솟아오르는 해와 함께 기상하는 것처럼 좋은 것은 없다.
백세가 넘게 장수한 사람은 모두 예외 없이 술을 마시지 않고
여름이나 겨울이나 새벽에 일어난 사람이다.

인생에 있어서 잘못 알고 있는 것 중의 하나는
현재가 결정적으로 중요한 시기가 아니라고 여기는 것이다.
매일 매일이 그해 최고의 날이라는 것을 마음속 깊숙이 새겨라.
돈만 많다고 잘사는 게 아니라,
바로 그날을 충실하게 즐기는 사람이 잘 사는 사람이다.

오늘이란 너무 평범한 날인 동시에
과거와 미래를 잇는 소중한 시간이다.

마음속에 무언가 목표를 정해서 하루를 시작하고
'그것을 해냈노라'란 말로 하루를 맺어라.

LIVE

모든 사람은 자신의 몸이라는
신전을 짓는 건축가이다.

Every man is the builder of a temple called his body.

■ 헨리 데이비드 소로우

밖으로 나갈 때마다
턱을 앞으로 당기고
머리를 꼿꼿이 세운 다음
숨을 크게 들이마셔라.
미소로 인사하고
악수를 나눌 때마다 정성을 다하라.
오해 받을까봐 두려워 말고
상대에 대해서 생각하느라고
단 1분 1초도 허비하지 마라.

운동은 하루를 짧게 하지만 인생은 길게 해준다.

칼로 의해 죽는 사람들 보다는
과식과 과음에 의해 죽는 사람들이 더 많다.

늘그막에 생기는 질병은
모두 젊었을 때 불러 드린 것이고,
쇠한 뒤에 생기는 재앙은
모두 성했을 때 지어놓은 것이다.
군자는 그런 까닭에
가장 성했을 동안에 미리 조심해야 한다.

어리석은 일 중에 가장 어리석은 일은
이익을 얻기 위해 건강을 희생하는 것이다.

LIVE

성공한 사람이 될 수 있는데
왜 평범한 이에 머무르려 하는가?
Why be a man when you can be a success?

■ 베르톨트 브레히트

모든 성공은 더 어려운 문제로 가는 입장권을 사는 것일 뿐이다.

만일 당신이 인생에서 성공을 원한다면
많은 것들과 친해져야 한다.
인내심을 당신의 소중한 친구로,
경험은 친절한 상담자로,
신중함은 당신의 형으로,
희망은 늘 곁에서 지켜주는
부모님처럼 친해져야 하는 것이다.

다른 사람들이 할 수 있거나 할 일을 하지 말고
다른 사람들이 할 수 없고 하지 않을 일을 하라.

지금이야 말로 일할 때다.
지금이야 말로 싸울 때다.
지금이야말로
나를 더 훌륭한 사람으로 만들 때다.
오늘 그것을 못하면 내일 그것을 할 수 있는가.

너 자신을 최대로 활용하라.
그것이 주어진 전부이기 때문이다.

창의성이란...
아직 존재하지 않는 것을 보는 것이다.
그것을 존재하도록 하는 방법을 찾아내고
그렇게 신의 친구가 되는 것이다.

Creativity is...
seeing something that doesn't exist already.
You need to find out how you can bring it into being and
that way be a playmate with God.

늙은 사람은 앉아서
'이게 뭐야?' 라고 묻는데,
소년은 내가 이걸로
뭘 할 수 있지?' 라고 묻는다.

■ 미쉘 쉬어 / 스티브 잡스

상상력은 창조력의 시작이다.
바라는 것을 상상하고 상상한 것을 의도하고
마침내 의도한 것을 창조하는 것이다.

새로운 발상에 놀라지 마라.
다수가 받아들이지 않는다고 해서
더 이상 진실이 아니지는 않다는 것을 잘 알지 않는가.

사람들이 왜 새로운 생각을 두려워하는지 이해할 수 없다.
나는 오래된 생각이 두렵다.

황금은 땅 속에서보다
인간의 생각 속에서 더 많이 채굴되었다.

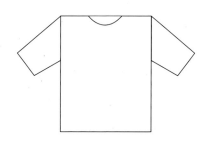

계획 없이 산다는 것은
실패할 계획을 세운 것과
마찬가지다.

작은 계획을 세우지 마라;
작은 계획에는
사람의 피를 끓게 할 마법의 힘이 없다.
큰 계획을 세우고
소망을 원대하게 하여 일하라.

Make no little plans; they have no magic to stir men's blood.
Make big plans, aim high in hope and work.

■ 마크 휴즈 / 다니엘 H. 번햄

일생의 계획은 어릴 때에 있고
일 년의 계획은 봄에 있고
하루의 계획은 새벽에 있다.
어려서 배우지 않으면 늙어서 아는 것이 없고
봄에 밭을 갈지 않으면 가을에 바랄 것이 없으며
새벽에 일어나지 않으면 그 날 할 일이 없다.

우표를 생각해 보라.
그것의 유용성은 어딘가에 도달할 때까지
어떤 한 가지에 들러붙어 있는데 있다.

깨어지고 살찌고 게으르거나 멍청해지려고
계획을 세우는 사람은 아무도 없다.
다만 계획이 없는 사람에게 나타나는 결과들이다.

신을 믿기 위해서는 신이 존재해야 하고
성공을 바라기 위해서는 목적이 있어야 한다.

■ 공자 / 조시 빌링스 / 래리 윙겟 / 도스토옙스키

꿈을 실현하는 가장 좋은 방법은
깨어있는 것이다.

The best way to make your dreams come true is to wake up.

꿈이란 당신이 잠에서 깨어나면
잊어버리는 그 무엇이 아니라
당신을 잠에서 깨우는 무엇이다.

꿈은 머리로 생각하는 게 아니라
가슴으로 느끼고, 손으로 적고,
직접 발로 실천하는 것이다.

꿈은 날짜와 함께 적어놓으면 그것은 목표가 되고
목표를 잘게 나누면 그것은 계획이 되며
그 계획을 실행에 옮기면 꿈은 이루어지는 것이다.

■ 폴 발레리 / 찰리 헤지스 / 존 고다드 / 그레그 S. 레잇

모든 사람이 꿈을 꾸지만 그 방식은 조금씩 다르다.
늦은 밤, 마음 속 깊은 곳. 먼지 앉은 구석에서
꿈을 꾸는 자들은 아침에 일어나면
그 꿈을 허무한 것으로 치부해 버린다.
그러나 낮에 꿈꾸는 자들은 위험하다.
그들은 눈을 뜬 채 꿈을 꾸고,
마침내 그 꿈을 실현시킨다.

아름다운 꿈을 지녀라.
그리하면 때 묻은 오늘의 현실이 순화되고 정화될 수 있다.
먼 꿈을 바라보며 하루하루 마음에 쌓이는 때를
씻어나가는 것이 곧 생활이다.
아니 그것이 생활을 헤치고 나가는 힘이다.
이것이야말로 나의 싸움이며 기쁨이다.

사람들이 꿈을 이루지 못하는 이유는
그들의 생각을 바꾸지 않고
결과를 바꾸고 싶어 하기 때문이다.

LIVE

■ 토머스 에드워드 로렌스 / 릴케 / 존 쿳시

어떤 일을 달성하기로 결심했으면
그 어떤 지겨움과 혐오감도
불사하고 완수하라.
고단한 일을 해낸 데서
오는 자신감은 실로 엄청나다.

Having once decided to achieve a certain task,
achieve it at all costs of tedium and distaste.
The gain in self-confidence of having accomplished
a tiresome labor is immense.

머리에서 발끝까지
당신을 빛나 보이게 하는 것은 자신감이다.
당당하게 미소 짓고,
괜한 초조감으로 말을 많이 하지 않고,
어깨를 펴고 활기차게 걷는 것만으로도
충분히 자신감을 얻는다.

■ 아놀드 베넷 / 데일 카네기

모든 사람은 탄복할 잠재력을 가지고 있다.
'모든 것이 내가 하기 나름이다'고
끊임없이 자신에게 말하는 법을 배우라.

천재는 노력하는 사람을 이길 수 없고
노력하는 사람은 즐기는 사람을 이길 수 없다.

자신을 믿어라!
자신의 능력을 신뢰하라!
겸손하지만 합리적인 자신감 없이는
성공할 수도 행복할 수도 없다.

손에 쥔 밧줄이 미끄러질 것 같다면 매듭을 묶고 매달려라.

이성으로 비관해도 의지로써 낙관하라.

성공한 사람은 대개
지난번 성취한 것 보다 다소 높게,
그러나 과하지 않게 다음 목표를 세운다.
이렇게 꾸준히 자신의 포부를 키워간다.

A successful individual typically sets his next goal somewhat
but not too much above his last achievement.
In this way he steadily raises his level of aspiration.

흔히 행운의 여신은
눈이 멀었다고 불평하지만
인간만큼 눈이 멀지는 않았다.
실생활을 자세히 살펴보면,
바람과 파도가
유능한 항해사의 편이듯
행운의 여신은
언제나 근면한 사람의 곁에 있다.

■ 커트 르윈 / 새뮤얼 스마일스

승자의 주머니 속에는 꿈이 있고,
패자의 주머니 속에는 욕심이 있다.

목표 없이 살아간다는 것은
나침판 없이 항해하는 것과 같다.

목표는 구체적이어야 한다.
구체적인 목표가 없는 사람은 자신이 어떤 일을 해야 할지,
또 어떻게 해야 할지 모른다.

확고한 목표만큼 마음에 평온을 가져다주는 것은 없다.
영혼은 한 지점에 밝은 눈을 고정시킬 것이다.

누군가 해내기 전까지는 모든 것이 '불가능한 것'이다.

큰 포부를 담아 목표를 세워라.
어깨를 당당하게 펴고 최선을 다하라.
그리고 목표로 나아가는 마음가짐을
결코 잊지 마라.

우리 내부에는 승리와 패배의 씨앗이 있다.
당신이라면 어느 씨앗을 뿌리겠는가?

LIVE

■ 탈무드 / 러스킨 / 지그 지글러 / 메리 셸리 / 블루스 웨인 / 루이자 메이 올컷 / 롱펠로우

인생에
큰 슬픔이 닥칠 때에는 용기를,
작은 슬픔에는 인내심을 가져라.
그리고 땀 흘려 일과를 마친 후
편안히 잠자리에 들라.
신께선 깨어 계신다.

Have courage for the great sorrows of life and
patience for the small ones;
and when you have laboriously accomplished
your daily task, go to sleep in peace.
God is awake.

■ 빅토르 위고

처음부터 겁먹지 말자.

막상 가보면 아무것도 아닌 게 세상엔 참으로 많다.

첫걸음을 떼기 전엔 앞으로 나갈 수 없고

뛰기 전엔 이길 수 없다.

너무 많이 뒤돌아보는 자는 크게 이루지 못한다.

고난이란 최선을 다할 기회다.

어디서 무엇을 하건 간에 적당히 대충하지 마라.

열 가지를 해야 한다면 당신은 스무 가지를 하라.

마음을 편하게 가져라.

다 알아서 잘 될 것이다.

우리가 필요한 건 조금의 참을성뿐이다.

단지 성취에 걸리는 시간 때문에

꿈을 포기하지 마라.

시간이란 어차피 지나가게 되어 있다.

명심하라.

하늘은 결코 인간에게 견딜 수 없는

슬픔을 주지 않는다는 사실을.

우리는 앞으로 2년 뒤에 닥쳐올
변화에 대해서는 과대평가하지만
10년 뒤에 올 변화는
과소평가하는 경향이 있다.
스스로를 나태함으로 이끌지는 마라.

We always overestimate the change that will occur in the next two
years and underestimate the change that will occur in the next ten.
Don't let yourself be lulled into inaction.

■ 빌 게이츠

살아남는 존재는 가장 강한 종도,
가장 지능이 높은 종도 아니다.
변화에 가장 잘 적응하는 종일뿐이다.

변화를 유도하면 리더가 되고
변화를 받아들이면 생존자가 되지만,
변화를 거부하면 죽음을 맞게 된다.

변화에서 가장 힘든 것은
새로운 것을 생각해 내는 것이 아니라
이전에 가지고 있던 틀에서
벗어나는 것이다.

계란이 새로 변하는 것은
어려울 지도 모른다.
계란이 계란인 채로 나는 법을 배우는 것은
조금 더 어려울 지도 모른다.
우리는 지금 계란과 같다.
그리고 당신은 그냥 계속 평범하고
상하지 않는 계란으로 있을 수는 없다.
우리는 부화하거나 상할 수밖에 없다.

만약, 지금 하는 일을 계속한다면
현재 얻고 있는 것만을 계속 얻게 될 것이다.

■ 찰스 다윈 / 레이노 / J. M. 케인즈 / C. S. 루이스 / 스티븐 코비

겸손이란
내가 생각하는 것이 반드시 옳은 것이 아니라는 겸손,
내가 가진 기준이 모든 이에게 적용되는 것이 아니라는 겸손,
내가 알고 있는 지식은 모든 지식의 극히 일부분이라는 겸손,
내가 상처 입은 상황이 모두 상대방의 잘못은 아닐 수도 있다는
겸손이다.

겸손해져라.
그것은 다른 사람에게
가장 불쾌감을 주지 않는
종류의 자신감이다.
Be modest!
It is the kind of pride least likely to offend.

■ 딕 티비츠 / 쥘 르나르

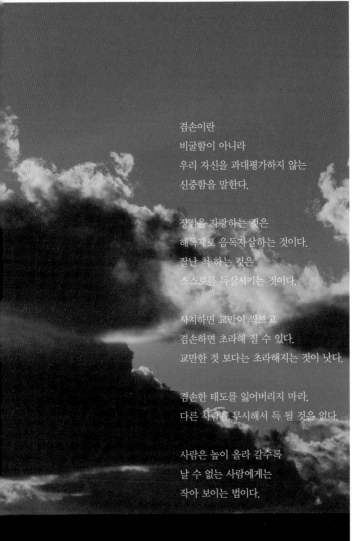

겸손이란
비굴함이 아니라
우리 자신을 과대평가하지 않는
신중함을 말한다.

장점을 자랑하는 것은
해독제로 음독자살하는 것이다.
잘난 척 하는 것은
스스로를 독살시키는 것이다.

사치하면 교만이 싹트고
겸손하면 초라해 질 수 있다.
교만한 것 보다는 초라해지는 것이 낫다.

겸손한 태도를 잃어버리지 마라.
다른 사람을 무시해서 득 될 것은 없다.

사람은 높이 올라 갈수록
날 수 없는 사람에게는
작아 보이는 법이다.

■ 나타니엘 크루 / 벤자민 프랭클린 / 공자 / 하워드 슐츠 / 니체

멋진 답이
떠오르지 않을 때는
침묵이 금이다.

Silence is golden
when you can't think of a good answer.

슬기로운 자는
자기 입에 재갈을 물린다.

많이 말하는 것은
위험의 원인이다.
침묵은 불운을 피하는 수단이다.
수다스러운 앵무새는
새장 속에서 입을 다문다.
말하지 않는 다른 새들은
자유스럽게 날아간다.

입을 다물든가 아니면
말이 침묵보다 월등하도록 하라.

■ 무하마드 알리 / 탈무드 / 싸꺄 빤디따 / 메난드로스

침묵하라.
아니면 침묵보다 더 가치 있는 말을 하라.
쓸데없는 말을 하느니
차라리 진주를 위험한 곳에 던져라.
많은 단어로 적게 말하지 말고
적은 단어로 많은 것을 말하라.

남을 헐뜯는 것은 세 사람을 죽인다.
자기 자신과 상대방,
그리고 그것을 듣고 있는 사람이다.

별들이 그대의 슬픔을
가져가 주기를,
꽃들이 그대의 가슴을
아름답게 채워주기를,
희망이 그대의 눈물을
영원히 닦아 주기를,
그 무엇보다 침묵이
그대를 강인하게 해 주기를.

받은 상처는 모래에 기록하고
받은 은혜는 대리석에 새기라.

Write injuries in dust, benefits in marble.

은혜를 베풀거든
그 보답을 구하지 말고
남에게 주었거든
뒤돌아보며 뉘우치지 마라.

■ 벤자민 프랭클린 / 명심보감

감사는 결코 졸업이 없는 과정이다.

감사의 말을 하는 것이 가장 먼저 해야 할 의무이다.

16년간 지켜본 결과,
감사를 습관화한 학생의 연평균 수입이
그렇지 않은 학생보다 2만 5천 달러가 많았다.
그뿐 아니라 감사를 습관화한 사람의
평균 수명이 그렇지 않은 사람보다 9년이나 더 길었다.

마음에 감사를 심는 것은 절대로 헛수고가 아니다.
감사의 마음을 심으면 보상을 얻기 때문이다.

하루 한번 자신이 받은 모든 은혜에 감사하라.
그러면 은혜가 끊이지 않을 것이다.

상처는 잊어라. 은혜는 결코 잊지 마라.

LIVE

■ 발레리 앤더스 / 제임스 앨런 / 로버트 에먼스 / 바실 / 죠셉 머피 / 공자

세월은
피부를 주름지게 하지만
열정을 저버리는 것은
영혼을 주름지게 한다.

Years wrinkle the skin,
but to give up enthusiasm wrinkles the soul.

대리석이 낭비될수록 조각상은 성장한다.

■ 더글러스 맥아더 / 미켈란젤로

열정과 끈기는
보통 사람을 특출하게 만들고
무관심과 무기력은
비범한 이를 보통 사람으로 만든다.

너무 사소해서
땀 흘릴 가치가 없는 일이란 존재하지 않으며,
실현되길 바라기엔 너무 큰 꿈이란 것도
존재하지 않는다.
기억하라!
열정은 천재의 재능보다 낫다.
열정은 당신의 최고의 경쟁력이다.

모든 성취의 출발점은 열망이다.
이를 명심하라.
약한 불이 미약한 열기를 주듯
약한 열망은 미약한 결과를 안겨준다.

인생은 단 한 번뿐이다.
무사안일하게 사는 것 보다는
이 세상에서 무슨 일인가를
한 번 이루기 위한 모험을 시도하는 것이
우리 인생에 걸맞다.

LOVE 사랑이란 무엇인가

사랑하라

사랑은 눈 먼 것이 아니다.
더 적게 보는 게 아니라 더 많이 본다.
다만 더 많이 보이기 때문에,
더 적게 보려고 하는 것이다.

Love is not blind. It sees more, not less.
But because it sees more it is willing to see less.

■ 줄리어스 고든

사랑할 때는 사상 따위가 문제가 안 된다.
내가 사랑하는 여자가 음악을 좋아하는가 어떤가는 문제가 안 된다.
결국 어떤 사상에도 우열을 결정하기란 힘들다.
세상에는 오직 하나의 진리가 있을 뿐이다.
그것은 서로 사랑하는 것이다.

사랑은 타오르는 불길인 동시에 앞을 비추는 광명이라야 한다.
타오르는 사랑은 흔하다.
그러나 불길이 꺼지면 무엇에 의지할 것인가.
사랑은 정신생활면에 던지는 빛이 있어야 한다.

■ 로망 롤랑 / 바이런

두 사람이 만나는 것은
두 가지 화학 물질이 접촉하는 것과 같다.
어떤 반응이 일어나면
둘 다 완전히 바뀌게 된다.

The meeting of two personalities is like the contact of
two chemical substances: if there is any reaction,
both are transformed.

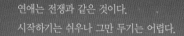

연애는 전쟁과 같은 것이다.
시작하기는 쉬우나 그만 두기는 어렵다.

■ 칼 융 / 멩겐

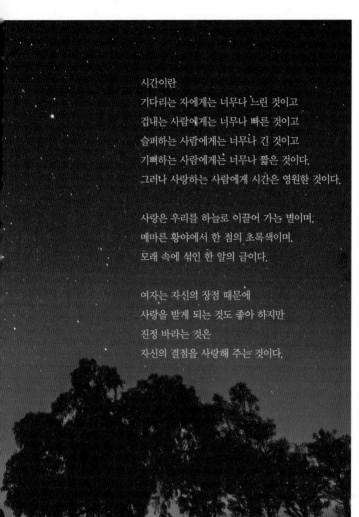

시간이란
기다리는 자에게는 너무나 느린 것이고
겁내는 사람에게는 너무나 빠른 것이고
슬퍼하는 사람에게는 너무나 긴 것이고
기뻐하는 사람에게는 너무나 짧은 것이다.
그러나 사랑하는 사람에게 시간은 영원한 것이다.

사랑은 우리를 하늘로 이끌어 가는 별이며,
메마른 황야에서 한 점의 초록색이며,
모래 속에 섞인 한 알의 금이다.

여자는 자신의 장점 때문에
사랑을 받게 되는 것도 좋아 하지만
진정 바라는 것은
자신의 결점을 사랑해 주는 것이다.

LOVE

■ 존스베리 / 할름 / 아베 프레보

중력. 중력 때문에 땅에 설 수 있지.
우주에는 중력이 전혀 없어.
발이 땅에 붙어있지 못하고 둥둥 떠다녀야 해.
사랑에 빠진다는 게 바로 그런 느낌일까?

Gravity. It keeps you rooted to the ground.
In space, there's no gravity. You just kind of leave your feet
and go floating around. Is that what being in love is like?

연애란
인생에서 맛볼 수 있는
최대의 기쁨이고
인간에게 주어진
광기어린 일이다.

■ 조쉬 브랜드 / 스탕달

순수한 사랑은
그 어떤 조건에도 뒤섞이지 않아야
오래 살아남을 수 있다.
조건이 붙은 사랑은 이미 사랑이 아니다.

사랑은 하나를 주고 하나를 바라는 것이 아니다.
둘을 주고 하나를 바라는 것도 아니다.
아홉을 주고도 미처 주지 못한 하나를 안타까워하는 것이다.

당신과 나는 날개가 하나밖에 없는 천사이다.
우리가 날기 위해서는 서로를 안아야 한다.

사랑을 방해하는 것은 아무 것도 없다.
사랑은 아무리 이를 막아도 모든 것 속으로 뚫고 들어간다.
사랑은 영원히 그 날개를 퍼덕이고 있다.

■ 오쇼 라즈니쉬 / 브라운 / 리사아노 크레센조 / 마티아스 크라우디우스

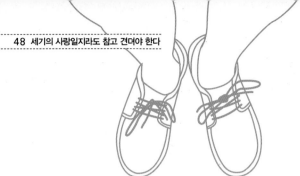

세기의 사랑일지라도
참고 견뎌내야 한다.

Great loves too must be endured.

한 사람이 다른 사람을 사랑하는 것.
이는 모든 일 중 가장 어려운 일이고
궁극적인 최후의 시험이자 증명이며
그 외 모든 일은 이를 위한 준비일 뿐이다.

■ 가브리엘(코코)샤넬 / 릴케

사랑에는 늘
어느 정도 광기가 있다.
그러나 광기에도 늘
어느 정도 이성이 있다.

말로 하는 사랑은
쉽게 외면할 수 있으나
행동으로 보여준 사랑은
쉽게 저항할 수가 없다.

꽃을 사랑한다고 말하면서도
꽃에 물주는 것을
잊어버린 여자를 본다면
우리는 그녀가 꽃을 사랑한다고
믿지 않을 것이다.
사랑은
사랑하고 있는 자의
생명과 성장에 대한
우리들의 적극적 관심이다.
이러한 적극적 관심이 없으면
사랑도 없다.

노련한 자는 실제적으로 사랑하지만
미숙한 애송이는 눈부신 것을 찾는다.

미숙한 사랑은
당신이 필요해서 당신을 사랑한다고 하지만
성숙한 사랑은 사랑하니까
당신이 필요하다고 한다.

Immature love says, I love you because I need you,
mature love says, I need you because I love you.

■ 펫트리취 / 윈스턴 처칠

사랑이 있기 때문에
세상은 항상 신선하다.
사랑은 인생의 영원한 음악으로
청년에게는 빛을 주고
노인에게는 후광을 준다.

사랑은 나이를 갖지 않는다.
언제나 새롭게 태어나기
때문이다.

사랑한다는 것은
책임감을 갖는 것이며
이해하는 것이고
마지막으로 주는 것이다.

상대가 눈앞에서 없어지면
보통 사랑은 점점 멀어지고
큰 사랑은 점점 커져간다.
바람이 불면
촛불은 꺼지고
화재는 불길이 더 센 것처럼.

■ 사무엘 스마일스 / 파스칼 / 에리히 프롬 / 라로슈푸코

사랑은 끝없는 신비이다.
그것을 설명할 수 있는 것이
전혀 없기 때문이다.

만유인력은
사랑에 빠진 사람을
책임지지 않는다.

**Gravitation cannot be held responsible for people
falling in love.**

미래의 사랑이란 없다.
사랑이란 언제나 현재형이다.
사랑을 지금 보여주지 않으면
사랑이 없는 사람이다.

■ 타고르 / 알버트 아인슈타인 / 톨스토이

한 여자에 대해 생각해 봐.

그 여자는
네가 자기에 대해
생각하는지 몰라.

네가 그 여자
생각을 하든 말든 상관 안 해.

그러면 넌 더욱 더
그 여자 생각을 하게 되지.

■ 마틴 세이지

사랑은 별다른 것이 아니다.
단지 그 사람과 함께 늙어가고 싶은 것이다.

더 많이 사랑하는 것 외에
다른 사랑의 치료약은 없다.

There is no remedy for love but to love more.

■ 레마르크 / 헨리 데이비드 소로우

사랑은 떨리는 행복이다.
이별의 시간이 될 때까지는
사랑은 그 깊이를 알지 못한다.

사랑은 줄 때만이 간직할 수 있다.
주지 않을 때 사랑은 떠나가 버린다.

무엇이고 떠나보낼 준비가 되어 있어야 한다.
사랑했던 사람을 놓아주지 않고 마음에 담아 두는 한
누구도 그 사람을 대신할 수 없기 때문이다.

단지 누구를 사랑한다고 해서
무조건 감싸야 하는 뜻은 아니다.
사랑은 상처를 덮는 붕대가 아니다.

사랑의 비극은 죽음이나 이별이 아니다.
두 사람 중 어느 한 사람이 이미 상대방을
사랑하지 않게 된 날이 왔을 때이다.

■ 칼릴 지브란 / 알버트 허바드 / 앤드류 매튜스 / 휴 엘리어트 / 서머셋 모음

사랑은 아름다운 여자를 만나서부터
그녀가 꼴뚜기처럼 생겼음을
발견하기까지의 즐거운 시간이다.

Love is the delightful interval between meeting a beautiful girl
and discovering that she looks like a haddock.

■ 존 배리모어

사랑은 달콤하다.

그러나

빵이 수반할 경우에만

그렇다.

나이가 들어도
사랑을 막을 수는 없어요.
하지만 사랑은 노화를
어느 정도 막을 수 있죠.

Age does not protect you from love.
But love, to some extent, protects you from age.

중요한 것은 사랑이야기가 아니라
사랑을 할 수 있다는 사실이다.
사랑은 우리의 삶에 양지를 드리운다.

■ 잔느 모로 / 헬렌 헤이스

20대의 연애는 환상이다.
30대의 연애는 바람기이다.
40대가 되어서야 비로소
플라토닉한 연애를 안다.

사랑에는
네 가지가 있다.
정열적인 사랑,
취미의 사랑,
육체의 사랑,
허영의 사랑이
그것이다.

가장 오래 지속되는 사랑은
돌아오지 않는 사랑이다.

어울리는 결혼을 원한다면
대등한 사람과 하라.

If you would marry suitably, marry your equal.

연애는 결혼의 새벽,
결혼은 연애의 황혼이다.

오비디우스 / 드 삐노

단지 돈을 위해 결혼하는 것보다 더 나쁜 것은 없고,
사랑만을 위해 결혼하는 것보다 더 어리석은 일은 없다.

결혼은 여섯 가지 요소로 이루어져 있다고 한다.
하나는 애정이고 나머지는 믿음이라 한다.
또 결혼은 처음 3주는 서로 관찰하고
다음 3개월은 서로 미치도록 사랑하며
그 다음 3년은 서로 싸우면서 지내고
나머지 30년은 서로 용서하면서 보낸다고 한다.

결혼하고 싶다면 이렇게 자문해보라.
'나는 이 사람과 늙어서도 대화를 즐길 수 있는가?'
결혼생활의 다른 모든 것은 순간적이지만
함께 있는 시간의 대부분은 대화를 하게 된다.

LOVE

사무엘 존슨 / 탈무드 / 프레드리히 니체

성공적인 결혼은 늘 똑같은 사람과
여러 번 사랑에 빠지는 것을 필요로 한다.

A successful marriage requires falling in love many times,
always with the same person.

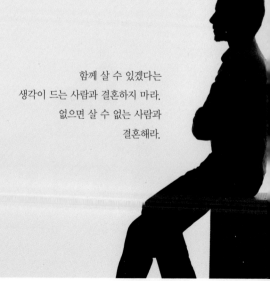

함께 살 수 있겠다는
생각이 드는 사람과 결혼하지 마라.
없으면 살 수 없는 사람과
결혼해라.

■ 미뇽 머클로플린 / 제임스 돕슨

벙어리 남편과
장님 아내가
가장 이상적인 커플이다.

결혼이란
사랑이 가져올 수 있는 아픔을 감수하고 사랑을 지키고
그것 없이는 삶이 불가능하다는 것을 인정하는 것이다.

행복한 결혼의 비결은 간단하다.
그것은 가장 절친한 친구들을 대할 때처럼
서로 예절을 지키는 것이다.

행복한 결혼에는 애정 위에 언젠가는
아름다운 우정이 접목되기 마련이다.

■ 프랑스 속담 / 캐롤린 헤이브런 / 로버트 킬렌 / 앙드레 모루아

행복한 결혼생활에서
중요한 것은
서로 얼마나 잘 맞는가 보다
다른 점을 어떻게
극복해 나가는 가이다.

What counts in making
a happy marriage is not so much
how compatible you are,
but how you deal with incompatibility.

■ 톨스토이

남자란,
말하며 접근할 때는 봄이지만
결혼을 해버리면 겨울이다.

남자는 지쳤기 때문에
여자는 호기심 때문에
결혼하지만 둘 다 실망한다.

인생에서 늦어도 무방한 것이 두 가지 있다.
결혼과 죽음이다.

청춘의 끓는 피가 완전히 가라앉고
온갖 맛있는 음식에 싫증이 나서
아무것도 바르지 않은 검은 빵이 생각날 때.
결혼은 바로 그때 하는 것이다.
잘못하여 젊었을 때 이것저것 살펴지면
결혼해서는 안 된다.

LOVE

■ 셰익스피어 / 오스카 와일드 / 유대 속담 / 고리키

남자의 가장 훌륭한 재산은
공감해주는 아내다.

Man's best possession is a sympathetic wife.

결혼, 그것은 한 권의 책이다.
그 제 1장은 시로 쓰여 있으나
나머지 장은 산문 散文이다.

■ 에우리피데스 / 비발디 니코르스

남자가 저녁식사에 늦을 것이라 전화하면
신혼은 이미 끝난 것이다.

금요일에 결혼한 사람은 평생 불행하다는데
어떻게 생각하십니까?
당연히 맞는 말이죠. 금요일이라고 예외겠습니까.

결혼은 진짜 힘든 거야!
결혼이 얼마나 힘든 거냐면 넬슨 만델라도 이혼을 했어.
넬슨 만델라는 27년을 남아공 감옥에 갇혀 있었어.
그는 27년간 매일같이 당하는 고문과 매질도 참아냈고
40도가 넘는 남아공 사막에서의 강제 노동도 견뎌냈어.
그 지옥 같은 27년간을 참아내고 감옥에서 나와
부인하고 6개월 지내고 이혼을 했다고!!!

굉장한 적을 만났다. 아내다.
너 같은 적은 생전 처음이다.

아마도 사랑할 때 우리가 경험하는 감정은
우리가 정상임을 보여 준다.
사랑은 스스로 어떤 사람이 되어야 하는지를 보여 준다.

사랑은 무엇보다도
자신을 위한 선물이다.

Love is, above all else,
the gift of oneself.

■ 안톤 체홉 / 장 아누이

결혼하는 편이 좋은가,
아니면 하지 않는 편이 좋은가를 묻는다면,
나는 어느 편이나 후회할 것이라고 대답하겠다.

결혼 그 자체는
좋다, 나쁘다, 라고
말할 수 없다.
결혼의 성공과 실패는
우리 자신에게 달려 있기 때문이다.

사랑하라.
그러면 사랑받을 것이다.
또한 이전에는 할 수 없었던 것들도
할 수 있게 될 것이다.

■ 소크라테스 / 모로아 / 마르쿠니 산틸라니

LOVE

배

LEARN 왜 배워야 하는가

조금 배운 것은 위험한 것이다.

A little learning is a dangerous thing.

나이 들었다는 것은
배우기에 가장 좋은 시기에 있다.

■ 알렉산더 포프 / 아이스킬로스

교육의 목적은
기계를 만드는 것이 아니라 인간을 만드는 데 있다.

훌륭했던 사람들의 삶을 배워라,
그들이 무엇을 소원했으며 무엇을 소중히 했는지.
무엇을 동경하느냐에 따라 인품이 결정된다.

21세기의 문맹자는
읽을 줄도 모르고 쓸 줄도 모르는 사람이 아니라.
배우지 않으며 배운 것을 버리지 않으며
그리고 다시 배우지 않는 사람이다.

LEARN

■ 루소 / 새커리 / 앨빈 토플러

지식에 투자하는 것이
여전히 최고의 수익을 낳는다.

An investment in knowledge still yields the best returns.

교육을 받기 않으면 이 세상에 출생하지 아니함 만 못하다.
왜냐하면 무식은 불행의 근원이기 때문이다.

■ 벤자민 프랭클린 / 플라톤

가난은
많은 뿌리를 갖고 있다.
그러나 주된 뿌리는 무지이다.

무식은 신의 저주이며
지식은
하늘에 이르는 날개다.

지갑의 동전을 비워
머리에 쏟아 넣으면
머리는 동전과 함께
지갑을 채울 것이다.

언젠가 날기를 배우려는 사람은
우선 서고, 걷고, 달리고, 오르고, 춤추는 것을 배워야 한다.

걱정거리를 두고 웃는 법을 배우지 못하면
나이가 들었을 때 웃을 일이 전혀 없을 것이다.

If you don't learn to laugh at trouble,
you won't have anything to laugh at when you're old.

■ 니체 / 에드가 왓슨 하우

훈련이 전부다.
복숭아도 한때는 쓴 씨앗이었고
꽃배추도 대학교육을 받은
양배추에 불과하다.

슬픔의 가장 좋은 처방은 무언가를 배우는 것이다.
결코 어긋날 일이 없는 것은 오로지 배움뿐이다.

배우는 학생은 부끄러워해서는 안 된다.

그 사람이 20세든 80세든지 간에
배움을 멈춘 사람은 바로 늙었다는 것이다.

LEARN

여기 배움이라는 것이 있습니다.
당신은 불현듯
당신이 자신의 삶을 이해했다는 것을
이해하게 되죠.
하지만 새로운 방식으로요.

대학 졸업장은
한 인간이 완성품이라는
증명이 아니라
인생의 준비가 되었다는
표시이다.

A college degree is not a sign that one is a finished product
but an indication a person is prepared for life.

■ 도리스 레싱 / 에드워드 A. 말로이

제대로 배우기 위해서는
거창하고 교양 있는
전통이나 돈이
필요하지 않다.
스스로를 개선하고자 하는
열망이 있는 사람들이
필요할 뿐이다.

어떤 분야에서든
유능해지고
성공하기 위해선
세 가지가 필요하다.
타고난 천성과 공부
그리고
부단한 노력이 그것이다.

아무 일도 할 수 없는
역경에 처해 있을 때
배움은 내가
파도에 휩쓸리지 않도록
매달릴 수 있는 유일한
구명부표이다.

■ 아담 쿠퍼 / 헨리 워드 비처 / 왕명

목적 없는 공부는
기억에 해가 될 뿐이며,
머릿속에 들어온 어떤 것도
간직하지 못한다.

Study without desire spoils the memory,
and it retains nothing that it takes in.

학문의 목적은
음식이 기력을 돋우는 피가 되듯
지식을 자신의 사상으로 만드는 데 있다.

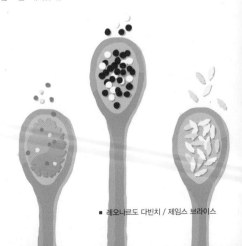

■ 레오나르도 다빈치 / 제임스 브라이스

하루를 공부하지 않으면

그것을 만회하는데 이틀이 걸리고

이틀을 공부하지 않으면

그것을 만회하는데 나흘이 걸린다.

또 1년을 공부하지 않으면

그것을

만회하는데 2년이 걸린다.

■ 탈무드

전혀 아무것도 할 수 없는 듯한 상황에서도
하려고 하는 마음만 있으면 자신을 변혁 할 수 있고,
자신의 세계를 바꿀 수 있다.

모든 사람은 탄복할 잠재력을 가지고 있다.
자신의 힘과 젊음을 믿어라.
'모든 것이 내가 하기 나름이다.'고
끊임없이 자신에게 말하는 법을 배우라.

There are admirable potentialities in every human being.
Believe in your strength and your youth.
Learn to repeat endlessly to yourself,
'It all depends on me.'

■ 엘리너 루스벨트 / 앙드레 지드

인간을 지혜로만 교육하고
도덕으로 교육하지 않는다면
사회에 위험을 기르는 꼴이 된다.

많이 배웠다고 뽐내는 것은 지식이요,
더 이상 모른다고 겸손해 하는 것은 지혜이다.

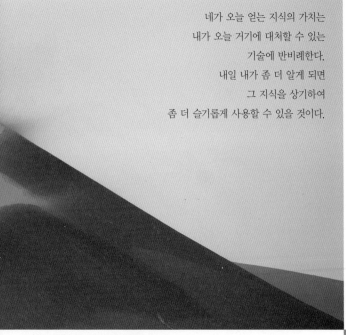

네가 오늘 얻는 지식의 가치는
내가 오늘 거기에 대처할 수 있는
기술에 반비례한다.
내일 내가 좀 더 알게 되면
그 지식을 상기하여
좀 더 슬기롭게 사용할 수 있을 것이다.

■ 프랭클린 루스벨트 / 윌리엄 쿠퍼 / 마크 반도렌

경험은 배울 줄 아는 사람만 가르친다.

Experience teaches only the teachable.

아무것도 아닌 것 같지만
지식의 열쇠를 양쪽으로
돌릴 수 있다는 것은 위대한 발견이었다.
그것은 많은 것으로 통하는
힘의 문을
닫을 수도 있고
열수도 있기 때문이다.

■ 올더스 헉슬리 / J. R. 로얼

사람이 배우지 않음은
재주 없이 하늘에 오르려는 것과 같고
배워서 멀리 알면
좋은 구름을 헤치고 푸른 하늘을 보는 것과 같으며
높은 산에 올라
사방 바다를 바라보는 것과 같다.

■ 장자

나는 폭풍이
두렵지 않다.
나의 배로
항해하는 법을
배우고 있으니까.

I am not afraid of storms
for I am learning
how to sail my ship.

■ 헬렌 켈러

여러분이 함께 있는 사람보다
더 배웠다고 말하지 마라.
배움을 손목시계처럼
차고 숨기고 있어라.
시간을 보기 위해
배움을 꺼내지 마라.
하지만 사람들이 물어보면
시간을 알려주어라.

세 사람이 같이 있을 때,
그 중 두 사람은
나의 스승으로 삼을 수 있다.
한 사람이 좋은 말과 행동을 한다면
그것을 배울 것이고
다른 한 사람의 말과 행동이
옳지 못하다면
그렇게 하지 않으려고
거울로 삼을 것이다.

살아있는 동안 배우라.
늙는 것이
현명함을 가져다주리라
기대하지 마라.

■ 로드 체스터필드 / 공자 / 솔로

사고를 하는 것을 훈련하는 것,
그것이 교육의 본질이다.

Training to think, that's the core of education.

교육은 그대의 머릿속에
씨앗을 심어주고, 빛이 이기기
그대의 씨앗들이 자라나게 해준다.

■ 알버트 아인슈타인 / 칼릴 지브란

교육은
모르는 것을 알게 하는 것이 아니고,
행하게 하는 것이다.

교육이란
알지 못하는 바를 알도록 의미하는 것이 아니라,
행동하지 않을 때
행동하도록 가르치는 것을 의미한다.

식물은 재배함으로써 자라고
인간은 교육을 함으로써 사람이 된다.

Plants grow as they are harvested,
humans grow to be people as they are educated.

좀 더 높은 이상이 없었다면
인류는 쉬지 않고 일만 하는 개미떼와
무슨 차이가 있었을 것인가?

■ 루소 / 프리드리히 헤겔

배움은 선택이다.
사람들은 누가 배우는 법을 아는지 잘 알고 있다.

배움은 우연히 얻어지는 것이 아니라
열성을 다해 갈구하고 부지런히 집중해야 얻을 수 있는 것이다.

배움에서 가장 어려운 것은 배워야 한다는 것을 배우는 것이다.

■ 헨리 애덤즈 / 아비가일 애덤스 / 칸트

학문에는 왕도가 없다.

There is no royal road to learning.

많이 보고

많이 겪고

많이 공부하는 것이 배움의 세 기둥이다.

■ 톨레미 / 벤자민 지즈라엘리

호기심이란 무지의 고백인데
그것은 의도적이며 당당하며 열렬하다.

오직 호기심이 많은 사람이 배우고
오직 굳게 결심한 사람만이
배움의 장벽을 넘을 수 있다.

■ 조셉 캠 / 엔진 윌슨

날으는 법을
가르칠 수 없는 자에게는
더 빨리 추락하는 법을
가르쳐라.

He whom you cannot teach to fly, teach to fall faster.

인생은 목표를 이루는 과정이 아니라
그 자체가 소중한 여행일지니.
서투른 자녀교육보다
과정 자체를 소중하게 생각할 수 있든
훈육을 시키는 것이 더욱 중요하다.

■ 프리드리히 니체 / 키에르 케고르

생각하는 것을 가르쳐야 하는 것이지
생각한 것을 가르쳐서는 안 된다.

조기교육이란 일종의 즐거움이 되게 하라.
그리하면 타고난 소질을 더 잘 발견할 수 있을 것이다.

자녀에게 가르치는 가장 좋은 방법은 스스로 본을 보이는 것이다.

가장 훌륭한 교육방법은 남의 어리석음에서 이익을 얻는 것이다.

LEARN

자식 키우기란
자녀에게 삶의 기술을
가르치는 것이다.

The art of mothering is to teach the art of living to children.

말을 아끼는 훈련,
자녀에게 침묵하는 법을 가르치라.
말하는 것은 쉽게 배워 버린다.

■ 벤저민 프랭클린 / 일레인 헤프너

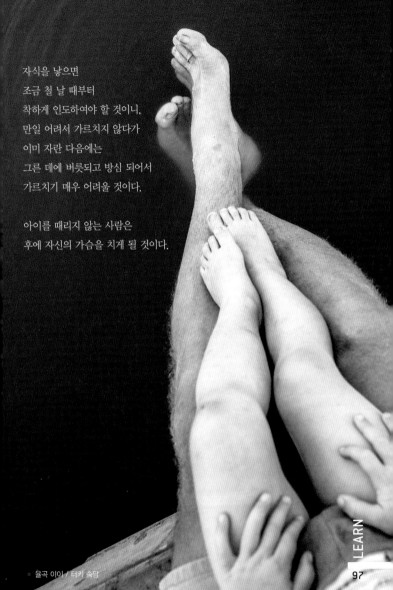

자식을 낳으면
조금 철 날 때부터
착하게 인도하여야 할 것이니,
만일 어려서 가르치지 않다가
이미 자란 다음에는
그른 데에 버릇되고 방심 되어서
가르치기 매우 어려울 것이다.

아이를 때리지 않는 사람은
후에 자신의 가슴을 치게 될 것이다.

내일은 우리가
어제로부터 무엇인가 배웠기를 바란다.
Tomorrow hopes we have learned something from yesterday.

승리하는 사람은 주변 사람에게서
전문가로 인정받을 때에
얼마나 더 배워야 하는지 알고 있다.
실패하는 사람은 자신의 미약한 지식수준을 인정하기도 전에
주변 사람들로 부터 전문가로 인정받기를 원한다

■ 존 웨인 / 시드니 해리스

때맞춰 면학에 힘써라.
세월은 사람을 기다리지 않는다.

THINK 생각은 변화의 시작

생

각

생각은 행동의 씨앗이다.

위대한 생각을 길러라.
우리는 어떤 일이 있어도
생각보다 높은 곳으로 오르지 못한다.

어차피 생각할 바에는
대범하게 생각하라.

As long as you're going to think anyway, think big.

■ 랄프 왈도 에머슨 / 벤저민 디즈라엘리 / 도널드 트럼프

우리는 하루에
50~60만 가지 생각을 한다.
그 가운데 90%가 부정적인 것이다.

사색을 포기하는 것은 정신적 파산 선고와 같은 것이다.

자신에 대해 긍정적인 생각을 갖는 방법은
긍정적인 행동을 하는 것이다.
용기를 내어 그대가 생각하는 대로 살지 않으면
머지않아 그대는 사는 대로 생각하게 된다.

동기는 두뇌를 위한 식량과 같다.
한 차례의 식사로 충분한 영양을 섭취할 수 없듯이
두뇌 역시 지속적이고 정기적인 리필을 필요로 한다.

우리는 오늘 우리의 생각이 데려다 놓은 자리에 존재한다.
우리는 내일 우리의 생각이 데려다 놓을 자리에 존재할 것이다.

THINK

■ 디펙 초프라 / 알버트 슈바이처 / 폴 발레리 / 피터 데이비스 / 제임스 앨던

초고는 가슴으로 써라.
그런 다음
머리로 다시 써라.

글이란 약간 무모해야 한다.
생각으로 생각 없는 사람들을
공격하기 위한 것이니까.

**Words ought to be a little wild for they are
the assaults of thought on the unthinking.**

■ 파인딩 포레스터(영화) / 존 메이나드 케인스

글을 쓰기 전에는
항상 내 앞에 마주 앉은 누군가에게
이야기 해 주는 것이라고 상상해라.
그리고 그 사람이 지루해 자리를 뜨지 않도록 설명해라.

무엇을 쓰든 짧게 써라. 그러면 읽힐 것이다.
명료하게 써라. 그러면 이해될 것이다.
그림같이 써라. 그러면 기억 속에 머물 것이다.

짧은 글은 한 가지의 테마로 작성되어야 하며
그 안에 모든 문장들이 그 테마와 일맥상통해야 한다.

위대한 글쓰기는 존재하지 않는다.
오직 위대한 고쳐쓰기만 존재할 뿐이다.

당신이 읽고 싶은 책이 있는데
그 이야기가 책으로 나오지 않았다면
당신은 그 이야기를 쓰면 된다.

글에서 '매우', '무척' 등의 단어만 빼면 좋은 글이 완성된다.

제대로 쓰려 말고 무조건 써라.

■ 제임스 패터슨 / 조지프 퓰리처 / 에드거 앨런포 / E. 화이트 / 토니 모리슨 / 마크 트웨인 / 조지프 써버

너는 왜 평범하게 노력하는가!
시시하게 살길 원치 않으면서!

모두가 세상을
변화시키려고 생각하지만
정작 스스로
변하겠다고 생각하는 사람은 없다.

Everyone thinks of changing the world,
but no one thinks of changing themselves.

■ 존 F. 케네디 / 톨스토이

정말 당신의 삶이 바뀌길 원한다면
당신을 에워싼 것부터 바꿔라.

변화는 삶의 법칙이다.
그리고 과거나 현재만 보는 사람들은
미래를 놓치는 것이 확실하다.

목적지에 이르기 위한 첫 단계는
현 위치에 머물지 않겠다고 결심하는 것이다.

아무것도 변하지 않을 지라도
내가 변하면 모든 것이 변한다.

THINK

■ 앤드루 매튜스 / 존 F. 케네디 / 피어폰트 모간 / 오노레 드 발자크

자기 자신을
너무 대단하게 생각하지 마라.
그러나 완전히 믿을 수는 있어야 한다.
부지런히 준비하라.
창의적으로 생각하라.
지적으로 깊이 생각하라.
숙제를 하라.
절대 과로하지는 마라.
여유를 가져라.
할 수 있는 것은 모두 하라.
그리고 일이 풀리게 놔두어라.

인간의 본성에 가장 큰 고통 중 하나는
새로운 발상을 위한 고통이다.

One of the greatest pains to human nature is the pain of a new idea.

■ 노먼 빈센트 필 / 월터 배젓

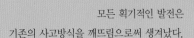

모든 획기적인 발전은
기존의 사고방식을 깨뜨림으로써 생겨났다.

가능한 한 가만히 앉아 있지 마라.
자유롭게 움직이며 나오지 않는 생각은 절대 믿지 마라.
모든 편견은 마음속에서 비롯된다.

상상은 미래의 예고편이다.

새로운 발상에 놀라지 마라.
다수가 받아들이지 않는다고 해서
더 이상 진실이 아니지는 않다는 것을
잘 알지 않는가.

· 행동만을 신뢰하라.
인생은 말이 아니라 행동으로 사는 것이다.

생각에 있어서 그러했듯,
행동에서 위대하라.

Be great in act, as you have been in thought.

■ 알프레드 아들러 / 셰익스피어

자신은 할 수 없다고
생각하는 동안은
그것을 하기 싫다고 다짐하는 것이다.
그러므로 그것은 실행되지 않는 것이다.

기다리지 마라.
결코 완벽한 때는 없다.

시작하는 방법은 그만 말하고
이제 행동하는 것이다.

행동에는 결과가 따른다는 것이
삶의 첫 번째 규칙이다.
두 번째 규칙은 이렇다.
자신의 행동에 책임이 있는
유일한 사람은 바로 자기 자신이다.

잘한 행동은 잘한 웅변보다 낫다.

미래를 신뢰하지 마라.
죽은 과거는 묻어버려라.
그리고 살아있는 현재에 행동하라.

THINK

잘할 수 없다고 생각하여
아예 시도도 하지 않는 것만큼 큰 실수는 없다.

무언가를 해라.
잘 되지 않으면 다른 무언가를 해라.
말도 안 되는 생각이란 없다.

Do something. If it doesn't work, do something else.
No idea is too crazy.

열등감을 느끼는 것은
자신이 그것에 동의했기 때문이다.

행동을 초래시키지 않는 생각,
그것은 생각이 아니라 공상이다.

행동을 부주의하게 하지 말고,
말을 혼동되게 하지 말며,
생각을 두서없이 하지 마라.

■ 에드먼드 버크 / 짐 하이타워 / 프랭클린 루스벨트 / 엘리자 램브마틴 / 마르쿠스 아우렐리우스

말하자마자 행동하는 삶,
그것이 가치 있는 사람이다.

자신은 할 수 없다고 생각하는 동안은
그것을 하기 싫다고 다짐하는 것이다.
그러므로 그것은 실행되지 않는 것이다.

할 수 있다고 생각하면 할 수 있고,
할 수 없다고 생각하면 할 수 없다.

If you think you can, or you think you can't, you're right!

■ 바뤼흐 스피노자 / 헨리 포드

강력한 이유는 강력한 행동을 낳는다.

행동은 즉시 취해져야 한다.
허비할 시간이 없기 때문이다.

어디에 서 있는지 아는 것도 중요하다.
그러나 더 중요한 것은
어디를 향해 가는 지 아는 것이다.

행동에는 위험과 대가가 따른다.
그러나 이때의 위험과 대가는
안락한 나태함으로 인해 생길 수 있는
장기적 위험보다는
훨씬 정도가 약하다.

■ 셰익스피어 / 미구엘 히달고 / 올리버 홈즈 / 존 F. 케네디

THINK

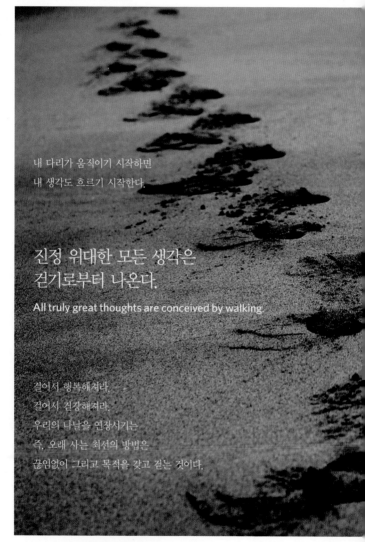

내 다리가 움직이기 시작하면
내 생각도 흐르기 시작한다.

진정 위대한 모든 생각은
걷기로부터 나온다.

All truly great thoughts are conceived by walking.

걸어서, 행복해져라.
걸어서, 건강해져라.
우리의 나날을 연장시키는
즉, 오래 사는 최선의 방법은
끊임없이 그리고 목적을 갖고 걷는 것이다.

■ 헨리 데이비드 소로우 / 프레드리히 니체 / 찰스 디킨스

걷기는 최고의 운동이다.
멀리걷기를 습관화 하라.

좋은 약을 먹는 것보다
좋은 음식을 먹는 게 낫고
좋은 음식을 먹는 거보다
걷는 게 더 좋다.

30초만 더 생각하라.
어쩌면 이 순간이 내 인생을
송두리째 바꿀 수 있다.

최종 결정을 내릴 때는
오랫동안 심사숙고해야 한다.

We must give lengthy deliberation to
what has to be decided once and for all.

■ 마시멜로 이야기 중 / 퍼블릴리어스 사이러스

겨울철에는 절대 나무를 자르지 말라.
상황이 좋지 않을 때는
절대 부정적인 결정을 내리지 말라.
기분이 너무 안 좋을 때는
절대 중요한 결정을 내리지 말라.
잠시만 기다리자.
그리고 조금만 참아라.
폭풍은 지나가고 봄이 찾아올 것이다.

무슨 일이든
할 수 있다고 생각하는 사람이 해내는 법이다.
의심하면 의심하는 만큼 밖에 못하고,
할 수 없다고 생각하면 할 수 없는 것이다.

어떤 결정을 내려야 할 때
가장 좋은 것은 올바른 결정이고
그 다음으로 좋은 것은 잘못된 결정.
가장 나쁜 것은
아무 결정도 하지 않는 것이다.

어떤 기업이 성공했다면
그것은 과거의 누군가
용기 있는 결정을 내렸다는 말이다.

THINK

■ 로버트 H. 슐러 / 정주영 / 로저 엔리코 / 피터 드러커

사람들이 생각을 안 하니
지도자들은 얼마나 운이 좋은가.

What luck for rulers that men do not think.

아돌프 히틀러

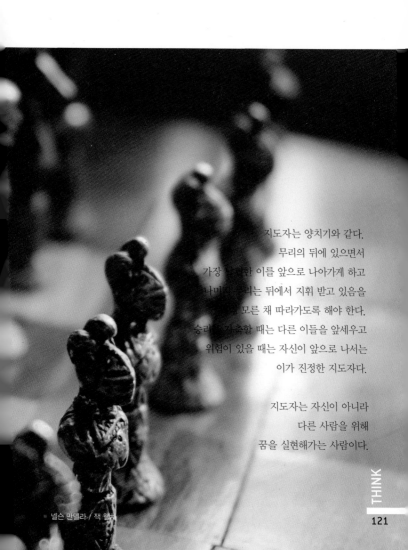

지도자는 양치기와 같다.
무리의 뒤에 있으면서
가장 영리한 이를 앞으로 나아가게 하고
나머지 무리는 뒤에서 지휘 받고 있음을
전혀 모른 채 따라가도록 해야 한다.
승리를 구축할 때는 다른 이들을 앞세우고
위험이 있을 때는 자신이 앞으로 나서는
이가 진정한 지도자다.

지도자는 자신이 아니라
다른 사람을 위해
꿈을 실현해가는 사람이다.

THINK

넬슨 만델라 / 잭 웰치

지난달에는 무슨 걱정을 했지?

그것 봐라, 기억조차 못하잖니?

그러니까 오늘 네가 걱정하고 있는 것도

별로 걱정할 일이 아닐 거야.

잊어버려라.

내일을 향해 사는 거야.

긍정적 사고를 가진 기업이
부정적 사고를 가진 기업을
인수해 부자가 됐다.

Many an optimist has become rich
by buying out a pessimist.

■ 아이아 코카 / 로버트 앨런

신념을 갖고 있는 한 명의 힘은
관심만 가지고 있는 아흔아홉 명의 힘과 같다.

세상을 변화시키는 데는
한 가지 생각과
한 번의 행동이면 충분하다.
인간의 삶에서 가장 암울한 시간은
가만히 앉아 노력 없이 돈을 벌 궁리를 할 때다.

승자가 즐겨 쓰는 말은 '다시 한 번 해보자'이고
패자가 즐겨 쓰는 말은 '해봐야 별 수 없다'이다.

당신이 어떤 일을 해낼 수 있는지
누군가가 물어보면 대답해라 "물론이죠."
그 다음 어떻게 그 일을 해낼 수 있을지
부지런히 고민하라.

THINK

설명하지마라.

친구라면 설명할 필요가 없고,

적이라면 어차피 당신을 믿으려 하지 않을 테니까.

너의 성공이나
친구의 성공만큼
확실하게 친구에 대한
너의 생각을 바꿔주는 것은 없다.

Nothing changes your opinion of a friend
so surely as success - yours or his.

■ 알버트 허버드 / 프랭클린 P. 존스

친구라고 해서 불쾌한 말을 해도 된다고 생각하지 말라.
누군가와 가까운 관계가 될수록,
현명하고 예의 바르게 행동하는 것이 중요하다.
가끔 부득이한 경우를 제외하고,
친구로 하여금 불쾌한 말은 적에게서 듣게 놔두라.
적들은 이미 그런 말을 거리낌 없이 할 준비가 되어있다.

풍요 속에서는 친구들이 나를 알게 되고,
역경 속에서는 내가 친구를 알게 된다.

논리적으로 설득하려고 애쓰는 것보다
기분을 헤아려줌으로써 더 많은 친구를 얻을 수 있다.

물이 지나치게 맑으면 사는 고기가 없고
사람이 지나치게 비판적이면 사귀는 벗이 없다.

두 사람 사이의 침묵이 편안할 때
그것이 진정한 우정이다.

■ 올리버 웬델 홈스 / 존 철튼 콜린스 / 존 러벅 / 맹자 / 데이비드 타이슨 젠트

THINK

네 믿음은 네 생각이 된다.
네 생각은 네 말이 된다.
네 말은 네 행동이 된다.
네 행동은 네 습관이 된다.
네 습관은 네 가치가 된다.
네 가치는 네 운명이 된다.

Your beliefs become your thoughts. Your thoughts become your words.
Your words become your actions. Your actions become your habits.
Your habits become your values. Your values become your destiny.

운명이 레몬을 주었다면
그것으로 레몬주스를 만들려고 노력하라.

■ 마하트마 간디 / 데일 카네기

시종일관 하는 자는 운명을 믿고,
변덕 부리는 자는 요행을 믿는다.

자기 앞에 어떠한 운명이 가려 놓여 있는지를
생각하지 말고 앞으로 나아가라.
그리고 대담하게 자기의 운명에 도전하라.
이것은 옛말이지만
거기에는 인생의 풍파를 헤쳐 나가는 묘법이 있다.
운명을 두려워하는 사람은 운명에 먹히고
운명에 도전하는 사람은 운명이 길을 비킨다.

운명이 무거운 것이 아니라 나 자신이 약한 것이다.
내가 약하면 운명은 그만큼 무거워진다.
비겁한 자는 운명이란 갈퀴에 걸리고 만다.

당신이 등지지 않는 한
운명은 언젠가는 당신이 꿈꾸고 있는 대로
고스란히 당신의 것이 될 것이다.

노여움이 일면,
그 결과를 생각하라.

When anger rises, think of the consequences.

10분 뒤와 10년 후를 동시에 생각하라.

■ 공자 / 피터 드러커

참을성이 강한 사나이의 격노를 조심하라.

화가 나면 열을 세어라.
풀리지 않는다면 백을 세어라.

화났을 때는 아무 일도 하지 말라.
하는 일마다 잘 못 될 것이다.

GIVE 무엇을 줄 것인가

어

주

남 줘서 가난해지는 법 없다.

No one has ever become poor by giving.

남을 행복하게 하는 것은
향수를 뿌리는 것과 같다.
뿌릴 때 자기에게도
몇 방울 정도는 묻기 때문이다.

■ 탈무드 / 안네 프랑크

우리를 선하게 만드는 것도 마음이고
악하게 만드는 것도 마음이다.
행복하거나 슬프게 만드는 것도 그것이고
부자나 가난뱅이로 만드는 것도 그것이다.

먼저 베풀어도 당장 돌아오지 않을 때가 많다.
씨앗을 뿌리고 수확을 하려면
많은 시간이 걸리기 때문이다.
또한 씨앗을 열 개 뿌렸다고 열 그루 모두에서 수확할 수는 없다.
그러나 거두려면 먼저 뿌려야 한다.
인간관계의 기본은 상대에게 이익을 주는 것이다.
무엇이든 심는 대로 거두는 것이다.

세상의 어떤 선행도 그 자체로 끝나지 않는다.
하나의 선행은 또 다른 선행으로 이어진다.
한 가지 선행은 뿌리를 사방으로 뻗어나가고
그 뿌리가 싹을 틔어 새로운 나무로 자라난다.
남에게 친절을 베푸는 것의 가장 좋은 점은
자기 자신이 선해진다는 것이다.

GIVE

■ 에드먼드 스펜서 / 헨리 포드 / 아멜리아 이어하트

당신이 배를 만들고 싶다면,
사람들에게 목재를 가져오게 일을 지시하고
일감을 나눠주는 일을 하지 말라.
대신 그들에게 저 넓고 끝없는
바다에 대한 동경심을 키워 주어라.

If you want to build a ship, don't drum up the men to gather wood,
divide the work and give orders. Instead,
teach them to yearn for the vast and endless sea.

잔잔한 바다에서는
좋은 뱃사공이 만들어지지 않는다.

모든 위험이 사라질 때까지
항해를 떠나지 못하는 사람은 결코 바다로 나갈 수 없다.

이 세상에서 중요한 것은
현재 어디에 있는가라는 것보다는
오히려 어느 쪽으로 가고 있느냐 는데 있다.
목적 항에 닿을 때까지 어떤 때는 순풍을 타고
때로는 역류를 만나 항해 해야만 한다.
그러나 어떻게 하든 앞으로 나아가야 하며
표류해서도 정박해서도 안 된다.

사람들이 원하는 모든 것은
자신의 얘기를 들어줄 사람이다.

All people want is someone to listen.

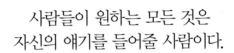

타인을 설득하는
최상의 방법 중 하나는
그 사람 말을 경청해서
귀로 설득하는 것이다.

사람이 친구를 사귀는 데는
분명한 과정이 하나 있는데
매번 몇 시간에 걸쳐 이야기를 하고
이야기를 들어주는 것이다.

■ 휴 엘리어트 / 딘 러스크 / 레베카 웨스트

대중에게 다가서는 지름길은
그들에게 혀를 내미는 것이 아닌
귀를 내미는 것이다.
내가 상대방에게
어떤 달콤한 말을 한다해도
상대방 입장에서는
자기가 말하고 싶어 하는 얘기의
절반만큼도 흥미롭지 않은 법이다.

남의 말을 들어야 하는
중요한 목적 중 하나는
다른 사람이 당신의 말을
듣도록 하기 위해서이다.

GIVE

■ 도로시 딕스 / 존 우즈

명예는 나눈다고
줄어드는 것이 아니다.

An honor is not diminished for being shared.

당신이 가질 수 있는 보물 중
좋은 평판을 최고의 보물로 생각하라.
명성은 불과 같아서 일단 불을 붙이면
그 불꽃을 유지하기 쉽지만
꺼뜨리고 나면 다시 그 불꽃을 되살리기가
정말 힘들기 때문이다.
좋은 평판을 쌓는 방법은
당신이 보여 주고 싶어 하는
이미지를 갖추기 위해 노력하는 것이다.

■ 로이스 맥마스터 부욜 / 소크라테스

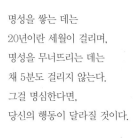

명성을 쌓는 데는
20년이란 세월이 걸리며,
명성을 무너뜨리는 데는
채 5분도 걸리지 않는다.
그걸 명심한다면,
당신의 행동이 달라질 것이다.

삶에 있어서
첫 번째로 어려운 것은
명성을 얻는 것이며
다음에는 생전에 그것을 유지하는 것이고
마지막은 죽은 후에 그것을 보존하는 것이다.

너에게 명예가 찾아오면 기꺼이 받으라.
그러나 가까이 있기 전에는
붙잡으려고 손을 내밀지 말라.

인생은 숨을 쉰 횟수가 아니라
숨 막힐 정도로 벅찬 순간을
얼마나 많이 가졌는가로 평가된다.

GIVE

■ 워런 버핏 / B. R. 헤이든 / 오라일리 / 마야 앤젤로

남을 위해
아무 것도 하지 않는 것은
우리 자신을 위해
아무것도 하지 않는 것이다.

Doing nothing for others is the undoing of ourselves.

적선지가 픽유여경 積善之家 必有餘慶

덕행 德行을 많이 행한 집안은

그 자손 子孫들이 그 덕을 누리게 된다.

*적선하는 집에는 반드시 여경(자손에게까지 미치는 복)이 있다란 뜻.

■ 호러스 맨 / 주역

무재칠시 無財七施

재물이 없이 쌓고 베푸는 일곱 가지 보시

첫째는 화안시_花顔施

얼굴에 화색을 띠고
부드럽고 정다운 얼굴로 남을 대하는 것

둘째는 언시_言施

공손하고 아름다운 말로 남을 대하는 것

셋째는 심시_心施

착하고 어진 마음과 따뜻한 마음을 가지고
마음의 문을 열고 남을 대하는 것

넷째는 안시_眼施

부드럽고 온화한 눈빛을 가지고
호의를 담은 눈으로 남을 대하는 것

다섯째는 신시_身施

몸으로 때우는 것 몸으로 남을 돕는 것

여섯째는 좌시_坐施

때와 장소에 맞게 다른 사람들에게 자리를 양보하는 것

일곱째는 찰시_察施

굳이 묻지 않고 상대의 마음을 헤아려 알아서 도와주는 것

네가 이 일곱 가지 보시를 몸소 행하여 습관이 붙으면 너에게 행운이 따르리라.

GIVE

선한 봉사의 씨앗을 뿌려라.
감사의 기억들이
이 씨앗을 자라게 할 것이다.

Sow good services; sweet remembrances will grow them.

돕는 손이 기도하는 입보다 더 성스럽다.

■ 잉거솔 / 마담 드 스탈

당신이 행한 봉사에 대해서는 말을 아끼라.
허나 당신이 받았던 호의들에 대해서는 이야기하라.

기쁜 일은 서로의 나눔을 통해 두 배로 늘어나고
힘든 일은 함께 주고받음으로써 반으로 줄어든다.

한 개의 촛불로서 많은 촛불에 불을 붙여도
처음의 촛불의 빛은 약해지지 않는다.

아프도록 베풀라.

기억하라.
만약 내가 도움을 주는 손이 필요하다면
너의 팔 끝에 있는 손을 이용하면 된다.
당신이 나이가 들면 손이 두 개라는 걸 발견하게 될 것이다.
한 손은 자신을 돕는 손이고
다른 한 손은 다른 사람을 돕는 손이다.

■ 세네카 / 존 포엘 / 탈무드 / 테레사 수녀 / 샘 레벤슨

작은 봉사라도
그것이 계속된다면 참다운 봉사이다.
데이지꽃은 그것이 드리우는 제 그림자에 의하여,
아롱지는 이슬방울을 햇빛으로부터 지켜 준다.

자선은 아무리 베풀어도 지나치지 않는다.

In charity there is no excess.

우리 개개인은 의식적으로든 무의식적으로든
모두 이런저런 봉사를 한다.
만일 의도적으로 이런 봉사활동을 하는 습관을 들이면,
봉사하고자 하는 욕구가 점차 강해져
자신이 행복해지는 것은 물론이고
세상 전체를 행복하게 만들 것이다.

당신이 오늘 베푼 선행은
내일이면 사람들에게 잊혀질 것이다.
그래도 선행을 베풀어라.

■ 윌리엄 워즈워스 / 프랜시스 베이컨 / 마하트마 간디 / 마더 테레사

나는 당신이 어떤 운명으로 살지 모른다.
하지만 이것만은 장담할 수 있다.
정말 행복한 사람들은
어떻게 봉사할 지를 찾고 발견한 사람들이다.

봉사하라. 그러면 당신은 봉사 받게 될 것이다.
사람들을 사랑하고 그들에게 봉사한다면
당신은 꼭 보상받을 것이다.

■ 알버트 슈바이처 / 에머슨

남의 말을 열심히 들어주다가
해고당한 사람은 없다.

No man ever listened himself out of a job.

내가 세상에서 최고로 올라갔을 때는
모든 것이 좋았다.
그때 나는 사람들의 말을 듣지 않았다.
사람들의 말을 들었더라면
그런 어려움은 겪지 않았을 것이다.
감옥에 갇히고
삶의 밑바닥으로 내려갔을 때 나는
다른 무엇보다도 듣는 것을 배웠다.

■ 캘빈 쿨리지 / 짐 베이커

추위에 떨어본 사람이라야
태양의 따스함을 진실로 느낀다.
굶주림에 시달린 사람이라야
쌀 한 톨의 귀중함을 절실히 느낀다.
그리고
인생의 고민을 겪어 본 사람이라야
생명의 존귀함을 알 수 있다.

당신이 내일 만날 사람들 중,
4분의 3은 동정심을 갈망할 것이다.
그것을 그들에게 안겨 주라.
그러면 그들은 당신을 사랑할 것이다.

■ 월트 휘트먼 / 데일 카네기

경험은 엄한 스승이다.
먼저 시험에 들게 하고,
그 후에 교훈을 주기 때문이다.

Experience is a strict teacher
because she gives the test first, the lesson afterwards.

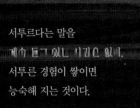

서투르다는 말을
계속 듣고 있는 사람은 없다.
서투른 경험이 쌓이면
능숙해 지는 것이다.

■ 나카타니 아키히로 / 버논 샌더스 로

사람들은 경험을 겪는다.
경험을 겪고 나면 사람은
유식해 지는 것이 아니라 노련해 진다.
경험은 어리석은 사람들의 교사이다.
경험은 과학의 어머니다.
경험은 길을 안내해주는 램프이다.

경험은 유일하게 진정한 재화이다.
왜냐하면 사람들은 그것을 잊어버리지 않으며
나누어 줄 수 있기 때문이다.

경험을 하려면 사람들은
대가를 비싸게 지불해야 한다.
그럼에도 불구하고 누군가 경험을
선물하고자 하면 아무도 받으려 하지 않는다.

인간이 현명해지는 것은
경험에 의한 것이 아니고,
그 경험에 대처하는 능력 때문이다.

GIVE

친구를 얻는 방법은
친구에게 부탁을 들어달라고
하는 것이 아니라
내가 부탁을 들어주는 것이다.

**We secure our friends not by asking favors
but by accepting them.**

만약 친구가
야채를 갖고 있으면
고기를 주어라.

친구를 갖는다는 것은
곧 또 하나의 인생을 갖는다는 것이다.

돈 빌려 달라는 것을 거절함으로써
친구를 잃는 일은 적지만
반대로 돈을 빌려줌으로써
도리어 친구를 잃기 쉽다.

보이지 않는 곳에서
나를 좋게 말하는 사람이 진정한 친구이다.

■ 발차자르 그라시안 / 쇼펜하우어 / 토마스 폴러

더 많이 준다고
아이를 망치는 게 아니다.
충돌을 피하려고 더 많이 주면
아이를 망친다.

It is not giving children more that spoils them;
it is giving them more to avoid confrontation.

■ 존 그레이

부모의 장기적인 시야가
자녀의 꿈을 결정짓는 중요한 요소가 된다.

자녀들은 대부분 잘 알지 못하지만
부모는 자녀들이 자신을
아주 많이 닮았다는 것을 알고 있다.

사치로써 자녀를 떠받드는 것은
그 자녀를 사랑하기 때문이다.
그러나 그 사랑한다는 것이 마침내는
그 자녀를 해롭게 하는 원인이 된다.

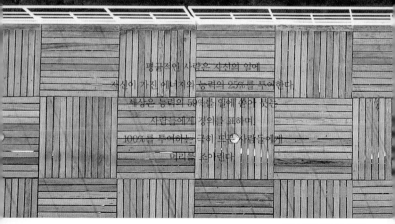

만약 당신의
아들딸에게 단 하나의
재능만을 줄 수 있다면,
열정을 주어라.

If you can give your son or daughter
only one gift, let it be enthusiasm.

평균적인 사람은 자신의 일에
자신이 가진 에너지와 능력의 25%를 투여한다.
세상은 능력의 50%를 일에 쏟아 붓는
사람들에게 경의를 표하며,
100%를 투여하는 극히 드문 사람들에게
머리를 조아린다.

■ 브루스 바튼 / 앤드류 카네기

현재가 있는 곳이 아니라
가고 싶은 곳에 초점을 맞춰라.
보이는 곳까지 멀리 나아가라.
그 곳에 도달하면 더욱 멀리 보일 것이다.

램프를 만든 것은 어둠이었고,
나침판을 만든 것은 안개였으며,
탐험을 하게 만든 것은 배고픔이었다.
그리고 일의 진정한 가치를 깨닫기 위해서는
의기소침한 나날들이 필요했다.

인생은 우리가 제 옷깃을 부여잡고
'나랑 너랑 같이 해보는 거야. 자 가자~' 하고
말해 주는 것을 좋아 한다.

■ 오리슨 스웨트 마든 / 빅토르 위고 / 마야 안젤루

돈에 관해
자식을 교육시키는
가장 손쉬운 방법은
그 부모가 돈이 없는 것이다.

The easiest way for your children to learn
about money is for you not to have any.

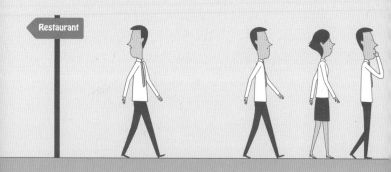

부자가 되는 쉬운 방법이 있다.
내일 할 일을 오늘하고
먹을 것은 내일 먹어라.

■ 캐서린 화이트 / 탈무드

돈을 너무 가까이하지 마라.
돈에 눈이 멀어진다.
돈을 너무 멀리하지 마라.
처자식이 천대받는다.

재산이 많은 사람이
그 재산을 자랑하고 있더라도
그 돈을 어떻게 쓰는지 알 수 있을 때까지
그를 칭찬하지 마라.

우리는 신용카드를 사용할 때
현금보다 1/3정도 더 사용한다.
신용카드는 우리에게 이렇게 속삭인다.
'이건 진짜 돈이 아니야.'

돈은 천하를 유랑하는 것이다.
다만, 항상 내게로 돌아오지 않는다는 점이
마음에 들지 않는다.

박애심은 인간들에 의해 충분히 인정받는
거의 하나밖에 없는 덕성이다.

가난한 사람들에게 필요한 것은 동정이 아니라 사랑이다.
그들은 남들보다 더하지도 덜하지도 않게
자신들이 존중받는 것을 느낄 필요가 있다.

자선이라는 덕성은 이중으로 축복받는 것이다.
주는 자와 받는 자를 두루 축복하는 것이니
미덕 중에 최고의 미덕이다.

이 세상에게 네가 가진
최고를 준다하여도
그것으로 족하지 않을지 모른다.
그래도 이 세상에게
네가 가진 최고를 주어라.
Give the world the best you have, and it may never be enough.
Give the world the best you've got anyway.

■ 헨리 데이비드 소로우 / 테레사 수녀 / 소크라테스 / 테레사 수녀

세상이
자신에게 준 것보다
더 많이 세상에게
되돌려 주는 것,
그것이 바로 성공이다.

■ 헨리 포드

LAUGH 笑

당신이 현명하다면 웃어라

파

어

웃음은
살 수도 없고,
빌릴 수도 없고,
도둑질 할 수도
없는 것이다.

인생에서 가장 의미 없이 보낸 날은
웃지 않고 보낸 날이다.
The most wasted of all days is one without laughter.

■ 데일 카네기 / E. E. 커밍스

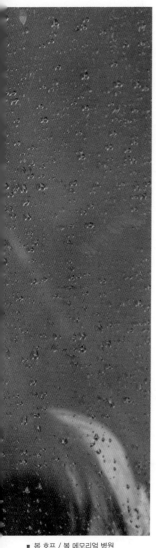

웃음은
거의 참을 수 없는 슬픔을
참을 수 있는 어떤 것으로,
나아가 희망적인 것으로
바꾸어 놓는다.

하루 15초만 웃어도 이틀 더 산다.

■ 밥 호프 / 볼 메모리얼 병원

웃음은
강장제이고,
안정제이며,
진통제이다.

Laughter is the tonic,
the relief, the surcease for pain

■ 찰리 채플린

그대의 마음을
웃음과 기쁨으로 감싸라.
1천 해로움을 막아주고
생명을 연장시켜 줄 것이다.

우리 몸에는
완벽한 약국이 있다.
우리는 어떤 병도 치유할 수 있는
강력한 약을 가지고 있다.
그것은 웃음이다.

하루에 열다섯 번 이상 웃는 사람은
의사를 멀리할 수 있다.
또 하루에 세 번만 크게 웃으면
아침 조깅을 한 것과 효과가 있다.
그뿐 아니라
웃음은 위산이 많이 나오는 것을 방지해
위산과다 예방과 치료에도 한 몫을 한다.

당신이 웃고 있는 한
위궤양은 악화되지 않는다.

■ 윌리엄 셰익스피어 / 노먼 커즌스 / 조지 굿먼 / 패티 우텐

유머가 아예 없다면
인생을 불가능으로 바꾼다.
Total absence of humor renders life impossible.

힘들 때 우는 건 삼류,
힘들 때 참는 건 이류,
힘들 때 웃는 건 일류이다.

■ 꼴레뜨 / 셰익스피어

웃음은 만국공통의 언어다.

나는 웃음의 능력을 보아왔다.
웃음은 거의 참을 수 없는 슬픔을
참을 수 있는 어떤 것으로
더 나아가 희망적인 것으로
바꾸어 줄 수 있다.

미소는 생각 이상으로
많은 보답을 가져온다.
다른 사람의 하루를
밝게 만들었을 뿐만 아니라
누군가가 당신을 대신하여
그와 똑같은 일을 할 것이기 때문이다.

만일 이 세상이 눈물의 골짜기라면,
미소는 거기에 뜨는 무지개다.

웃음과 긍정이
우리에게 주는 선물은 건강한 삶이다.

웃을 수 있을 때 언제든 웃어라.
값싸지만 좋은 보약이다.

Always laugh when you can. It is a cheap medicine.

■ 노먼 커즌스 / 바이런 경

웃음은 마음의 치료제 일뿐만 아니라 몸의 미용제이다.
당신은 웃을 때 가장 아름답다.

웃음은 의사에게 지불해야 할 돈을 줄이는 것이기 때문에
우리 호주머니에 있는 돈과 같다.

웃는 사람은 실제적으로 웃지 않는 사람보다 더 오래 산다.
건강은 실제로 웃음의 양에 달렸다는 것을 아는 사람은 거의 없다.

LAUGH

■ 칼 조세프 쿠셸 / 마크 트웨인 / 제임스 월쉬

웃음은 그 자체로 건강하다.

Laughter is by definition healthy.

웃음은 좋은 피를 만든다.

■ 이탈리아 속담 / 도리스 레싱

웃으며 보낸 시간은
신들과 함께 지낸 시간이다.

화가 나 있는 1분마다
60초간의 행복을 잃는다.

웃음은
어떤 핵무기보다도 강하다.

웃음은 최고의 결말을 보장한다.

■ 일본 속담 / 에머슨 / 오쇼 라즈니쉬 / 오스카 와일드

웃음은 인류로부터
겨울을 몰아내 주는 태양이다.

Laughter is the sun
that drives winter from the human face.

폭소가 터져 나오려고 할 때면,
언제나 문을 활짝 열고 환대하라.

■ 빅토르 위고 / 쇼펜하우어

햇볕은
누구에게나 따뜻한 빛을 준다.
그리고 사람의 웃는 얼굴도
햇볕과 같이 친근감을 준다.
인생을 즐겁게 지내려면
찡그린 얼굴을 하지 말고 웃어야한다.

■ 슈와프

웃음 없는 하루는 낭비한 하루다.

A day without laughter is a day wasted.

웃음은 전염된다.
웃음은 감염된다.
이 둘은 당신의 건강에 좋다.

■ 찰리 채플린 / 윌리엄 프라이

나는 운명처럼 웃음과 약혼했다.
웃음소리는 언제나 세상에서
가장 세련된 음악으로 들린다.

웃음은 마치 음악 같은 것이다.
웃음이 마음속에 깃들여
그 멜로디가 들리는 장소에서는
인생의 여러 가지 재앙은 사라져버린다.

사람은 함께 웃을 때
서로 가까워지는 것을 느낀다.

함께 웃을 수 있다는 것은
함께 일할 수 있다는 것을 의미한다.

일은 즐거워야 한다.
유머는 조직의 화합을 위한 촉매제이다.

LAUGH

■ 피터 유스티노프 / 다니엘 샌더스 / 윌리엄 제임스 / 로버트 오벤 / 허브 켈러허

입으로는 화를 내도 눈으로는 웃어라.

이 인생에서는 마지막에 웃는 자가
가장 오래 웃는 자다.
In this life he who laughs last laughs longest.

웃음과 눈물은 좌절과 피로에 대한 응답이다.
그 후에 덜 정리할 일이 있기 때문에 나 자신은 웃음을 선호한다.

■ 칼라일 / 존 메이스필드 / 커트 보네거트

이 세상에서 가장 가난한 사람이
누구인지 아는가.
그것은 웃음이 없는 사람이다.

인생이 노래처럼 흘러갈 때에는
명랑한 사람이 되기 매우 쉽다.
그러나 진짜 가치 있는 사람은
웃는 사람이다.
모든 것이 잘 안 흘러 갈 때도
웃는 사람이다.

왜 웃지 않는가?
나는 밤낮으로
무거운 긴장감에 시달려야 했다.
만일 내가 웃지 않았다면
나는 이미 죽었을 것이다.

■ 지그 지글러 / 엘라 휠러 윌콕스 / 에이브러햄 링컨

기분 좋은 웃음은
집 안을 비추는 햇빛과 같다.

웃으면 복이 와요.

If you laugh, blessings will come your way.

■ 윌리엄 새커리 / 격언

소문만복래 笑門萬福來
웃는 집안에 많은 복이 온다.

일소일소 일노일로 一笑一少 一怒一老
한 번 웃으면 한 번 젊어지고
한 번 노하면 한 번 늙는다.

명랑해지는 첫 번째 비결은
명랑한 척 행동하는 것이다.

웃음은 마음의 조깅이다.

Laughter is inner jogging

■ 윌리엄 제임스 / 노먼 커즌즈

웃는 얼굴은 화살도 피해 간다.

웃지 않는 사람은
은행에 백만 달러를 저금해 놓고
쓰지 않는 사람과 같다.

우리는 행복하기 때문에 웃는 것이 아니고
웃기 때문에 행복하다.

오늘 가장 좋게 웃는 자는
역시 최후에도 웃을 것이다.

■ 일본 속담 / 윈스턴 처칠 / 윌리엄 제임스 / 니체

나는 2주 동안
다이어트를 했는데,
사라진 것은
그 2주라는 시간뿐이었다.

I've been on a diet for two weeks
and all I've lost is two weeks.

유머는 머리에서 나오는 것이 아니라
마음에서부터 나온다.

■ 토티 필즈 / 르네뒤보

〈스포츠 유머〉

감독이란 다른 사람이 친 홈런 덕분에 봉급을 받는 사람이다.

보기에는 드라이브가 좋겠지만 돈을 벌어 주는 것은 퍼팅이다.

머리가 크면 클수록 넘어 졌을 때 쇼크도 크다.

〈다양한 거지들〉

옷을 다 벗어놓고 돌아다니는 거지_알거지

밥 먹은 후에만 나타나는 거지_설거지

항상 폭행만 당하는 거지_맞는 거지

타의 모범이 되는 거지_바람직한 거지

애인이 없는 거지_외로운 거지

많이 먹는 거지_배부른 거지

언제나 고개만 끄덕이는 거지_그런거지

쑥스러워하는 거지_미안한 거지

심신해 미치겠다는 거지_할 일 없는 거지

〈밤12시 집안 분위기〉

되는 집안_내일을 위해 잘 시간이다.

안되는 집안_이녀석이 몇신데 아직도 안들어 오는거야?

막가는 집안_아부지 또 늦네! 오늘이 몇 일째야.

콩가루 집안_이늠의 마누라, 어디 들어오기만 해봐라!

매일 8시간씩
성실하게 일하면
승진해서 매일 12시간씩
일할 수 있게 된다.

By working faithfully eight hours a day
you may eventually get to be boss and
work twelve hours a day.

유머감각은 리더십 기술에 속하고 끼는 사람들과
잘 지낼 수 있게 해주는 비법중 하나이자
끼나한 일을 성취하는 과정의 일부이다.

■ 로버트 프로스트 / 아이젠하워

당신이 알고 있는 유머를 쓰세요.
유머를 많이 알고 있는 것도 큰 재산입니다.

당신이 현명하다면 웃어라.

Laugh if you're wise.

나 하나가 웃음거리가 되어
국민들이 즐거울 수 있다면 얼마든지 비웃음 되겠어.

■ M. V. 마르티알리스 / 헬무트 콜

인간은 웃음이라는 능력을 가졌기에
다른 동물과 구별된다.

웃으면 세상이 함께 웃고
울면 질병이 따라 웃는다.

유머감각은 지도자의 필수조건이다.

운명과 유머는
같이 세계를 지배한다.

■ 조지프 애디슨 / 르네 뒤보 / 하드리 도노번 / 하비 콕스

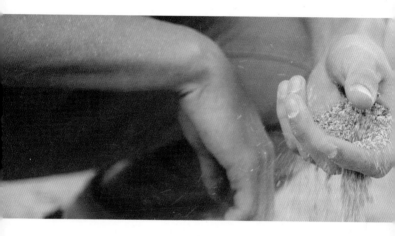

한때 자신을
미소 짓게 만들었던 것에 대해
절대 후회하지 마라.

Never regret something that once made you smile.

유머는 일을 유쾌하게,
교제를 명랑하게,
가정을 밝게 만든다.

■ 앰버 데커스 / 데일 카네기

인생이 노래처럼
잘 흘러갈 때에는,
명랑한 사람이
되기는 매우 쉽다.
그러나
진짜 가치 있는 사람은
웃는 사람이다.
모든 것이
잘 안 흘러갈 때에
웃는 사람 말이다.

유머의 꽃은 슬픈 시대에 핀다.

■ 엘리 휠러 윌콕스 / 유태 격언

TRY

할 수 없을 것 같은 일을 하라

시도하라

세상의 유일한 기쁨은
시작하는 것이다.

The only joy in the world is to begin.

내 가슴이 뛰는 일이라면
지금 바로 시작하라.
후에 당신의 미래가
당신에게 고마워 할 것이다.

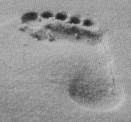

▫ 체사레 파베세 / 로라

새로운 시간 속에는
새로운 마음을 담아야 한다.

시작하라!
그 자체가 천재성이고 힘이며 마력이다.

이미 다 갖춰서 시작한다는 것은
이미 시작이 아니다.

시작하기 위해 위대해질 필요는 없지만
위대해지려면 시작부터 해야 한다.

꿈을 품고 무언가 할 수 있다면
그것을 시작하라.
새로운 일을 시작하는 용기 속에
당신의 천재성과 능력과 기적이 모두 숨어 있다.

시작하기에 가장 완벽한 곳은
바로 지금 당신이 있는 그곳이다.

TRY

지금 적극적으로 실행되는
괜찮은 계획이
다음 주의 완벽한 계획보다 낫다.

A good plan, violently executed now,
is better than a perfect plan next week.

지금으로부터 1년 후,
당신은 당신이
'오늘 시작했더라면 좋았을 텐데.'라고
아쉬워 할 것이다.

■ 조지 S. 패튼 / 카렌 램

행동하는 사람처럼 생각하고,
생각하는 사람처럼 행동하라.

강가에서 물고기를 보고
탐내는 것보다
돌아가서
그물을 짜는 것이 옳다.

길이 없으면 길을 찾아라.
찾아도 없으면 만들어라.

실패가 불가능한 것처럼 행동하라.

Act as if it were impossible to fail.

시작하고 실패하는 것을 계속하라.
실패할 때마다 무엇인가 성취할 것이다.
네가 원하는 것을 성취하지 못할지라도
무엇인가 가치 있는 것을 얻게 되리라.
시작하는 일과 실패하는 것을 계속하라.

■ 앤 설리반 / 도로시아 브랜드

'아니'라고 말하는 것을 두려워하지 말라.
거절을 못해서 무수한 사람들이 실패의 쓴 잔을 마셨다.

모든 일은 처음 시작할 무렵과
목적이 거의 달성되어 갈 무렵에 실패의 위험이 가장 크다.
배는 바닷가에서 잘 난파한다.

실패하면 실망할 지도 모른다.
그러나 시도도 안하면 불행해 진다.

포기하지 않는 이상 실패하지 않은 것이다.

실패는 우회로일 뿐 막다른 길은 아니다.

사람은 패배를 위해 창조되지 않았다.

인생은 언제나 당신에게 두 번째 기회를 주고 있다.
우리는 그걸 내일이라 부른다.

■ 존 러벅 / 베르그송 / 비버리 실스 / 힝클리 / 지그 지글러 / 어니스트 헤밍웨이 / 서양 격언

'언젠가'라는 말로 생각하면 실패한다.
'지금'이라는 말로 행동하면 성공한다.

열망을
실현하기 위해
명확한 계획을 세우고
즉시 시작하라.
준비가 됐건 아니건,
이 계획을
실행에 옮겨라.

Create a definite plan for
carrying out your desire and
begin at once,
whether you are ready or not,
to put this plan into action.

■ 벤저민 프랭클린 / 나폴레온 힐

행동하는 사람 2%가
행동하지 않는 사람 98%를 지배한다.

결정과 실행 사이의 간격은
좁을수록 좋다.
모든 성공한 사람들을 묶어주는 공통점은
결정과 실행 사이의 간격을
아주 좁게 유지하는 능력이다.

현재 얼마나 힘을 갖고 있느냐는
진짜 문제가 아니다.
그보다는 내일 힘을 갖기 위해
오늘 무언가를 반드시 실행에 옮기는 것,
그것이 문제다.

아인슈타인만한 천재는 많다.
그러나 이론을 증명하기 위해
그처럼 10년의 연구와 실험을
견뎌낼 사람은 흔치 않다. 이것이 실행이다.

불가능한 것을 성취하려면
불가능한 것도 실행해야 한다.

오직 미친 자만이 살아남는다.

TRY

■ 지그 지글러 / 피터 드러커 / 캘빈 쿨리지 / 래리 보디시 / 세르반테스 / 앤디 그로브

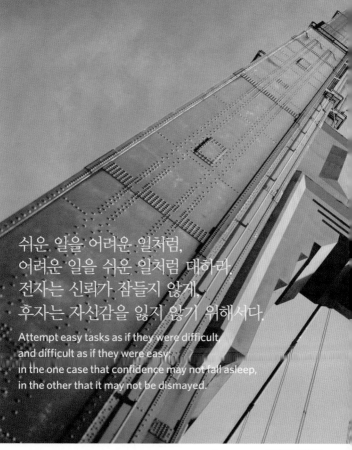

쉬운 일을 어려운 일처럼,
어려운 일을 쉬운 일처럼 대하라.
전자는 신뢰가 잠들지 않게,
후자는 자신감을 잃지 않기 위해서다.

Attempt easy tasks as if they were difficult,
and difficult as if they were easy,
in the one case that confidence may not fall asleep,
in the other that it may not be dismayed.

■ 발타사르 그라시안

'난 못 해.'라는 말은 아무 것도 이루지 못하지만
'해볼 거야.'라는 말은 기적을 만들어 낸다.

일이 잘 풀리지 않으면 석공을 찾아간다.
그는 바위를 내리칠 때 특별히 강한 힘을 주어 내리치지 않고
백 번에 걸쳐 망치질을 한다.
마침내 백 한 번째 일격에 바위가 갈라진다.
그러나 바위를 가른 것은 마지막 일격이 아니라 백 번의 망치질이다.

그만둬야 할 순간이 오기 전에 절대 먼저 그만두지 마라.
테이블 구석에 앉지 말고, 당당하게 가운데 앉아 원하는 것을 말하라.

다른 누군가가 할 수 있거나 인생에서 이룰 수 있는 일이라면,
나 역시 그럴 수 있다.

자기가 하는 일에 신념을 갖지 않으면 안 된다.
누구도 자기가 하는 일이 좋다고 굳게 믿으면 힘이 생기는 법이다.

할 수 있다고 믿는 사람은 그렇게 되고
할 수 없다고 믿는 사람 역시 그렇게 된다.

■ 조지 번햄 / J. 리스 / 세릴 샌드버그 / 토머스 빌로드 / 괴테 / 샤를 드골

때론 미친 척을 하고 딱 20초만 용기를 내 볼 필요가 있어.
진짜 딱 20초만 창피해도 용기를 내는 거야.
그럼 장담하는데 멋진 일이 생길거야.

불은 금을 시험하고
역경은 강한 인간을 시험한다.
Fire is the test of gold; adversity, of strong men.

이상은 높게 가져라.
그러나 현실에 발을 붙여라.
머리는 구름처럼 높게, 발은 땅에 딛고서
한 계단씩 올라가면 그 이상에 도달하게 된다.
빨리 올라가려고 발을 현실에서 떼었을 때는 바로 넘어진다.

■ 우리는 동물원을 샀다 중_영화 / 세네카 / 반기문

신은 인간에게 선물을 줄 때
시련이라는 포장지에 싸서 준다.

목표를 이루겠다는 각오가 얼마나 단단한지
절박한지 보기 위해 우주는 우리를 시험한다.
조금만, 조금만 참고 견디면 된다.

위기의 시기에는 가장 대담한 방법이 때로는 가장 안전하다.

꿈을 밀고 나가는 힘은 이성이 아니라 희망이며
두뇌가 아니라 심장이다.

어쨌든 계속 노력하라.
언젠가는 반드시 용기가 솟아나게 될 것이다.

■ 딕 트레이시 / 앤드루 토마스 / 키신저 / 톨스토이 / 다란벨

너무 멀리 갈 위험을 감수하는 자만이
얼마나 멀리 갈 수 있는 지 알 수 있다.

Only those who will risk going too far can possibly find out
how far one can go.

하늘이 장차 그 사람들에게 큰 사명을 주려고 할 때에는
반드시 그의 마음을 흔들어 고통스럽게 하고,
그 힘줄과 뼈를 굶주리게 하여 궁핍하게 만들어
그가 하고자하는 일을 흔들고 어지럽게 하나니.

■ T. S. 엘리엇 / 장자

절망하지 마라.
설혹 너의 형편이 절망하지 않을 수 없더라도
그래도 절망은 하지 마라.
이미 끝장이 난 듯싶어도 결국은 또 새로운 힘이 생겨나는 것이다.
최후에 모든 것이 정말로 끝장이 났을 때는
절망할 여유도 없지 않겠는가.

당신은 위험을 감수해야 한다.
우리가 예상치 못한 일이 일어날 수 있도록 할 때
우리는 완전히 삶의 기적을 이해할 것이다.

노력을 중단하는 것보다 더 위험한 것은 없다.
그것은 습관을 잃는다.
습관은 버리기는 쉽지만 다시 들이기는 어렵다.

그대가 자신의 불행을 생각하지 않게 되는
가장 좋은 방법은 일에 몰두하는 것이다.

■ F. 카프카 / 파울로 코엘료 / 빅토르 위고 / 베토벤

한정된 시간을 다른 사람의 삶을 사느라
자신의 시간을 허비하지 마라.
과거의 통념, 다른 사람들이 생각한 결과에
맞춰 사는 함정에 빠지지 마라.
다른 사람들의 견해가 자기 내면의 목소리를 가리는
소음이 되게 하지 마라.
가장 중요한 것은,
내 마음과 직관을 따라가는 용기이다.
계속 갈망하라,
여전히 우직하게.

때로는 살아있는 것조차도
용기가 될 때가 있다.

Sometimes even to live is an act of courage.

■ 스티브 잡스 / 세네카

신은 대담한 자의 편에 선다.
용기를 가지고 도전하라.
신은 용감한 자를 돕는다.

그대의 가치는 그대가 품은 이상에 의해 결정된다.
용기는 위기에 처했을 때 빛나는 힘이다.

용기란 자기 자신을 굳게 믿는 것이다.
그러나 아무도 그것을 가르쳐주진 않는다.

큰 소리를 내는 것이 꼭 용기는 아니다.
어떨 때 용기는 하루가 끝날 때
'내일 또 도전해봐야지'라고
이야기하는 작은 소리이다.

용기란 계속할 수 있는 힘이 아니다.
용기란 아무 힘이 없을 때 계속하는 것이다.

20년 후 당신은,
했던 일보다 하지 않았던 일로 인해서 더 실망할 것이다.
그러므로 닻줄을 던져라.
안전한 항구를 떠나 항해하라.
당신의 닻에 무역풍을 가득 담아라.
탐험하라. 꿈꾸라. 발견하라.

■ 실러 / 그라시안 / 엘 코르도베스 / 윈스턴 처칠 / 시어도어 루스벨트 / 마크 트웨인

할 수 없을 것 같은 일을 하라.
실패하라. 그리고 다시 도전하라.
이번에는 더 잘 해보라.
넘어져 본 적이 없는 사람은
단지 위험을 감수해 본 적이
없는 사람일 뿐이다.

Do the one thing you think you cannot do. Fail at it. Try again.
Do better the second time. The only people who never tumble are
those who never mount the high wire.

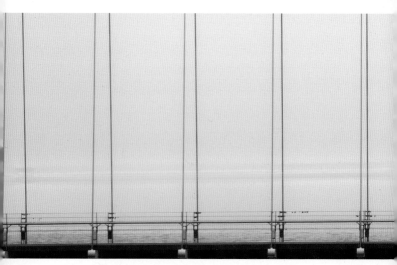

■ 오프라 윈프리

어렵기 때문에 못하는 것이 아니다.
감히 시도하지 못하기 때문에 어려운 것이다.

시도해보지 않고는 누구도 자신이 얼마만큼 해낼 수 있는지 알지 못한다.

비록 아무도 과거로 돌아가 새 출발을 할 순 없지만
누구나 지금 시작해 새 엔딩을 만들 수 있다.

그러니 일단 시도해 보라.
망설이지 말고 지금 당장 해보라.

TRY

진정한 여행이란
새로운 풍경을 보는 것이 아니라
새로운 눈을 가지는데 있다.

행복하게 여행하려면
가볍게 여행해야 한다.
He who would travel happily must travel light.

때때로 손에서 일을 놓고
휴식을 취해야 한다.
쉼 없이 일에만 파묻혀 있으면
판단력을 잃기 때문이다.

■ 마르셀 푸르스트 / 생텍쥐페리 / 레오나르도 다빈치

여행은 정신을 다시 젊어지게 하는 샘이다.

여행은 사람을 순수하게, 그러나 강하게 만든다.

여행을 하는 것이나 병에 걸리는 것,
이 둘의 공통점은 자기 자신을 되돌아본다는 점이다.

여행은 경치를 보는 것 이상이다.
여행은 깊고 변함없이 흘러가는 생활에 대한 생각의 변화이다.

여행은 인간을 겸손하게 만든다.
세상에서 인간이 차지하는 영역이
얼마나 작은 것인가를 깨닫게 해준다.

여행이란 우리가 사는 장소를 바꿔주는 것이 아니라
우리의 생각과 편견을 바꿔주는 것이다.

여행이란 젊은이들에게는 교육의 일부이며
연장자들에게는 경험의 일부이다.

여행을 떠날 각오가 되어있는 자만이
자신을 묶고 있는 속박에서 벗어나리라.

후회란 다음번에는 지문을
절대 남겨두지 않겠다는 확고한 결의이다.

사람이 인생에서
가장 후회하는 어리석은 행동은
기회가 있을 때 저지르지 않은 행동이다.

**The follies which a man regrets the most in his life are
those which he didn't commit when he had the opportunity.**

이미기 들 수 째 게고게 있있 긴 잇때 네애시빈
후회한다는 것을 발견하게 될 것이다.

■ 마르셀 아사르 / 헬렌 롤랜드 / 재커리 스코트

결코 후회하지 말 것.
뒤돌아보지 말 것을 인생의 규칙으로 삼아라.
후회는 쓸 데 없는 기운의 낭비이다.
후회로는 아무것도 이룰 수 없다.
단지 정체만 있을 뿐이다.

삶은 계속되고 아직 꿈꿀 시간은 많다.
후회가 꿈을 대신하는 순간부터 우리는 늙기 시작한다.

이미 되돌릴 수가 없다.
돌이킬 수 없는 불행한 사고 후에는
이렇게 되지 않고도 끝날 수 있지만
'조금만 주의하고 방책이 있을 거다.'라는 생각에
몸과 마음을 태워서는 아니 된다.
이런 생각은 참을 수 없는 고통을 크게 할 뿐이다.
그 결과는 비관 속에 파묻히고 끝나고 만다.
이미 바꿀 수 없는 과거의 불행한 사고는 잊고
오히려 그것을 디딤돌로 해서 더 멀리 뛰어가자.

TRY

■ 캐서린 맨스필드 / 지미 카터 / 쇼펜하우어

우연은 항상 강력하다.
항상 낚싯바늘을 던져두라.
전혀 기대하지 않은 곳에
물고기가 있을 것이다.

Chance is always powerful. Let your hook always be;
in the pool where you least expect it, there will be a fish.

유연천리 래상회 무연대면 불상봉

有緣千里 來相會 无緣對面 不相逢

인연이 있으면 천리밖에 있어도 만날 수 있지만.

인연이 없으면 얼굴을 마주 하고도 만나지 못한다.

■ 오비디우스 / 중국 속담

운명은 우연이 아닌 선택이다.
기다리는 것이 아니라 성취하는 것이다.

누구에게도 많은 것을 기대하지 말 것.
그리고 질투하지 말 것.
사랑하면 곁에 머물 것이고
아니면 떠나는 것이 사람의 인연이다.
그러니 많은 것에 연연하지 말라.
그리고 항상 배우는 자세를 잊지 말고
자신을 아낄 것.

TRY

■ 윌리엄 제닝스 브라이언 / 비비안 웨스트우드

나는 뜻밖에 얻어지는
1분의 시간을 헛되이 보내지 않도록
언제나 작은 책을 주머니에 넣고
다니는 것을 잊지 않았다.

한 문장이라도
매일 조금씩 읽기로 결심하라.
하루 15분씩 시간을 내면
연말에는 변화가 느껴질 것이다.

Resolve to edge in a little reading every day,
if it is but a single sentence.
If you gain fifteen minutes a day,
it will make itself felt at the end of the year.

〈독서삼도 讀書三到〉

책을 읽는 요령은 눈으로 보고 안도 眼到
입으로 소리 내어 읽고 구도 口到
마음으로 얻는 것 심도 心到이다.
이 중에서 제일 중요한 것은 심도 心到이다.

■ 윌리엄 글래드 스턴 / 호러스 맨 / 주자

읽다 죽어도 멋져 보일 책을 항상 읽어라.

책은 청년에게는 음식이 되고,
노인에게는 오락이 된다.
부자일 때는 지식이 되고,
고통스러울 때는 위안이 된다.

무엇이거나 좋으니 책을 사라.
사서 방에 쌓아 두면
독서의 분위기가 만들어 진다.
외면적인 것이나 이것이 중요하다.

종교서적이든 아니든
책을 크리스마스 선물로 주라.
책은 살찔 염려도 전혀 없고
죄책감에 시달리는 일도 거의 없고
영원히 개인소장 할 수 있다.

남의 책을 많이 읽어라.
남이 고생하여 얻은 지식을
아주 쉽게 내 것으로 만들 수 있고,
그것으로 자기 발전을 이룰 수 있다.

TRY

■ P. J. 오루크 / 키케로 / 베네트 / 레노어 허시 / 소크라테스

희망은 어둠 속에서 시작된다.
일어나 옳은 일을 하려 할 때
고집스런 희망이 시작된다.
새벽은 올 것이다.
기다리고 보고 일하라. 포기하지 마라.

Hope begins in the dark, the stubborn hope that if you just show up
and try to do the right thing, the dawn will come.
You wait and watch and work: you don't give up.

실패하는 사람들의 90%는
정말로 실패하는 것이 아니라 포기하는 것이다.

포기는 마음은 편안하게 해주지만 그로 인해 얻을 수 있는 보상은 없다.

인간은 패배하였을 때 끝나는 것이 아니라,
포기하였을 때 끝나는 것이다.

인생에서 실패한 사람 중 다수는
성공을 목전에 두고도 모른 채 포기한 이들이다.

■ 앤 라모트 / 폴 마이어 / 웨스 비비스 / 닉슨 / 토머스 에디슨

포기하지 말고 계속해라!
선과 진을 위해 싸우라,
그대의 소명을 믿으라,
삶을 즐겁게 받아들이라.
해야 할 큰일이 있으리니
그 때문에 그대가 존재하는 것이리라.
계속하라, 계속해!
그대를 위해 더 나은 세상을 만들라.
그대가 생을 끝마칠 그날,
이렇게 외치라.
포기하지 말고 계속하라.
내 영혼아, 계속하라!

■ 로버트 W. 서비스

키워드 헤드라인 플러스⁺

가족은 자연의 걸작 중의 하나다. 서양 속담

개미들은 결코 텅 빈 창고를 향해 가지 않는다. 서양 속담

봄은 계획과 시작의 계절이다. 톨스토이

천재는 해야 할 일을 하고 재주 있는 사람은 할 수 있는 일을 한다. 서양 속담

가시에 찔리지 않고는 장미를 모을 수 없다. 필페이

꿀을 따는 사람은 반드시 벌침을 참아야 한다. 서양 속담

자부심은 작은 사람들을 위한 신의 선물이다. 브루스 바튼

한 나라를 정복해 예속시키는 방법은 두 가지다.
하나는 칼로 하는 것이고, 다른 하나는 빚으로 하는 것이다. 존 애덤스

휴가를 낭비하지 않는 방법 중 하나는
서점이나 도서관에서 보내는 일이다. 존 러벅

자연이 하는 일에는 쓸데없는 것이 없다. 아리스토텔레스

흑묘백묘 黑猫白猫 검은 고양이든 흰 고양이든 쥐만 잡으면 된다. 등소평

인간은 갈망하는 동물이다. 아담 스미스

걱정은 내일의 슬픔을 덜어주는 것이 아닌
오늘의 힘을 앗아가는 것이다. 코리 탠붐

독수리는 마지막 성공을 거둘 때까지 온 생명을 바쳐 노력한다. 벤자민 프랭클린

사랑에 관해서는 낭만적일 수 있다.
그렇지만 돈에 관해서는 낭만적이어서는 안 된다. 버나드 쇼

인생의 아침에는 일을 하고, 낮에는 충고하며,
저녁에는 기도하라. 속담

음식을 아깝다 생각하지 말고 내 몸이 아깝다고 생각하라. 작자 미상

지나친 휴식은 녹이 슨다. 월터 스콧

훈련은 천재를 만들고 신념은 기적을 이룬다. 안창호

백만장자가 되기 위한 확실한 계획을 가지고 있다.
먼저 백만 달러를 버는 것이다. 스티븐 마틴

길이 이끄는 곳으로 가지 말고
길이 없는 곳에 가서 흔적을 남겨라. 랄프 월도 에머슨

경쟁은 인생의 법칙이다. R.버튼

기적을 바라는 것은 좋지만
그 기적에 의지하려 해서는 안 된다. 탈무드

혁신은 리더와 추종자를 구분하는 잣대이다. 스티브 잡스

도박은 불확실한 것을 얻기 위해 확실한 것을 거는 행위이다. 파스칼

늙는다는 것은 세상의 규칙을
더 이상 바꾸려고 노력하지 않는 것이다. 장 그르니에

겨울은 영원히 지속되지 않는다.
봄이 순서를 건너뛰는 법도 없다. 할 볼란트

의사를 부르기 전에
휴식, 즐거움, 절제, 이 셋을 의사로 삼아라. 서양 속담

고민은 제 자리 걸음이요, 생각은 앞으로 나가는 것이다. 벅스

팔리지 않는 것은 크리에이티브가 아니며 광고는 예술이 아니다.
광고주들이 돈을 지불하는 것은 광고인의 천재성을 보기 위함이 아닌
자신들의 제품을 판매하기 위함이다. 데이빗 오길비

글을 쓴다는 것은 90%의 씽크탱크(Think tank)와
10%의 잉크탱크(Ink tank)이다.
하나가 잘 돌아가면 다른 하나가 더럽혀질리 없다. 데이빗 오길비

오늘 달걀 한 개를 갖는 것보다
내일 암탉 한 마리를 갖는 편이 낫다. 탈무드

운은 확률의 문제가 아니라 실력의 문제다.
실력이 있으면 확률은 비약적으로 높아진다. 센다 타쿠야

어떤 일이든 열정만으로 60%의 문제를 해결할 수 있다. 도널드 트럼프

날씨(일기)는 자연의 감각이다. L. 스티븐즈

오늘의 책임을 피함으로써 내일의 책임을 피할 수는 없다. 에이브러햄 링컨

자신을 경고하는 이야기는 아무리 좋게 이야기를 한다해도
단순하게 받아들이지 말라. 데이빗 오길비

여가시간을 가지려면 시간을 잘 써라. 벤자민 프랭클린

봄은 자연의 언어로 파티하자!는 뜻이다. 로빈 윌리암스

낙관주의자란 봄이 인간으로 태어난 것이다. 수잔 비소네트

성공하는 습관을 가져라. 스티븐 코비

기업이 트렌드를 읽는다고 해서 100% 성공할 수는 없지만
트렌드를 읽지 못하면 100% 실패는 보장할 수 있다. 피터 드러커

가장 좋은 광고는 만족한 고객이다. 필립 코틀러

승부수를 띄워 새로운 흐름을 만들어라. 프리드리히 헨델

불가능해 보이는 것은 불확실한 가능성보다 항상 더 낫다. 아리스토텔레스

위험을 예상하는 것은 이미 반은 피한 것이다. 토마스 플러

미래를 예측하는 최상의 방법은 미래를 창조하는 것이다. 데니스 게이버

세상에서 가장 어려운 일은 새로운 아이디어를 수용하도록
하는 것이 아니라 과거의 아이디어를 잊도록 하는 것이다. 존 메이나드 케인즈

효율성이란 일을 올바르게 하는 것이고
효과성이란 올바른 일을 하는 것이다. 피터 드러커

현명한 질문은 지혜의 절반이라고 말 할 수 있다. 프란시스 베이컨

광고는 과학이 아니라 설득이다. 설득은 하나의 예술이다.
모든 광고는 브랜드 이미지를 위한 장기적인 투자이다. 데이빗 오길비

날개는 남이 달아줘 나는 것이 아니라
자기 몸을 스스로 뚫고 나오는 것이다. 치어풀